Andrea Erkert

Lasst uns an einem Strang ziehen

Teambuilding-Spiele für Kinder im Alter von 5 bis 8 Jahren

Andrea Erkert

Lasst uns an einem Strang ziehen

Teambuilding-Spiele für Kinder im Alter von 5 bis 8 Jahren

Unser Buchprogramm im Internet: www.verlag-modernes-lernen.de

Externe Links

Der Verlag weist ausdrücklich darauf hin, dass eventuell im Text enthaltene externe Links vom Verlag nur bis zum Zeitpunkt der Buchveröffentlichung eingesehen werden konnten. Auf spätere Veränderungen hat der Verlag keinerlei Einfluss. Eine Haftung des Verlages ist daher ausgeschlossen.

Veröffentlicht in der Edition:
verlag modernes lernen Borgmann GmbH & Co. KG
Schleefstraße 14 · D-44287 Dortmund

Gesamtherstellung in Deutschland: Löer Druck GmbH, Dortmund

Titelfoto: © oksix – Adobe Stock
Schrift: Alegreya Sans

Bestell-Nr. 1316 ISBN 978-3-8080-0872-0

Inhalt

Vorwort

Unsere Kinder wachsen heute in eine moderne, zunehmend komplexer werdende Welt hinein, in der sie möglichst gut zurechtkommen müssen.
Um das Ziel zu erreichen, brauchen sie Erwachsene, die ihnen die erforderlichen Kompetenzen und Kenntnisse mitgeben, damit sie gute Beziehungen zu anderen Menschen aufbauen, später im Berufsleben bestehen und nicht zuletzt selbst herausfinden können, was sie wirklich glücklich und zufrieden macht. Eine gute Schulbildung und genügend Selbstvertrauen sowie jede Menge Erfahrungen aus erster Hand, die ihnen auch im Hinblick auf das Förderziel der Teamfähigkeit verdeutlichen, wie sie gemeinsam viel leichter und erfolgreicher auf ein vereinbartes Ziel hinarbeiten können, sind dafür geradezu ideal. Dies ist insbesondere in Bezug auf den tiefgreifenden demographischen Wandel, der den Arbeitsmarkt schneller und grundlegender verändert, von zentraler Bedeutung.

Eltern, Erzieher, Lehrer und andere Bezugspersonen sind maßgebend daran beteiligt, wenn es darum geht, Kinder fit für die Zukunft zu machen. Allein schon durch den Einsatz ihrer pädagogischen Methoden und Maßnahmen sowie ihre persönliche Einstellung rund um die Teamarbeit nehmen sie erheblichen Einfluss darauf, ob Kinder Einzelkämpfer bleiben oder mit viel Freude aktiv zusammenarbeiten. Unabhängig davon, werden echte Teamplayer in allen Unternehmen, die bereichs- und funktionsübergreifend arbeiten, schon längst großgeschrieben. Es ist oftmals das entscheidende Kriterium dafür, ob eine Person von den Personalchefs eingestellt wird oder nicht.

Es ist also überaus wichtig, dass bereits Kinder so früh wie möglich spielerisch lernen, wozu Teamarbeit gut sein kann und wie sie funktioniert. Damit das jedoch gelingt, brauchen sie vor allem viel Zeit und Gelegenheit, um Teamarbeit zu trainieren sowie voneinander und miteinander zu lernen. Indem dann alle Kinder ihre Aufgaben kennen, sich verantwortlich fühlen und dabei ihr gemeinsames Ziel nicht aus den Augen verlieren, können sie ohne viel Zutun von außen vom „Ich“ zum „Wir“ kommen.

„Wer hohe Türme bauen will, muss lange beim Fundament verweilen."

Anton Bruckner (1824–1896), österreichischer Komponist und Domorganist in Linz

Die Teambuilding-Spiele aus diesem Buch

Bei den vorliegenden **140 Teambuiding-Spielen und Spielvarianten** handelt es sich um eine Form von teambildenden Maßnahmen, bei denen das Teamerlebnis, das mit ganz viel Spielspaß verbunden ist, eindeutig im Vordergrund steht. Indem alle für die gemeinsame Sache brennen, wird so ganz nebenbei mehr Vertrauen aufgebaut und Freude an Teamarbeit entwickelt.

Egal, ob voll Power oder eher ruhig, geduldig, kommunikativ oder gar höchst kreativ und originell – das Buch bietet die Erfahrungen und Erlebnisse, die **Kinder im Alter von 5 bis 8 Jahren** brauchen, um echte Teamplayer zu werden. Die Teambuilding-Spiele kommen dem Spielbedürfnis von jüngeren Kindern sehr entgegen und fördern gleichzeitig die Teamarbeit, indem sich alle Teammitglieder aktiv einbringen und dabei ihr gemeinsames Ziel nicht aus den Augen verlieren.

Damit Sie jedoch möglichst schnell die Teambuilding-Spiele zur Hand haben, die Sie gerade für Ihre Zielgruppe brauchen, wurden alle Spielideen schwerpunktmäßig den sieben Kapiteln zugeordnet, die stets mit relevanten Hinweisen für die Praxis starten. Danach folgen die dazu passenden Teambuilding-Spiele, die allesamt eine Altersangabe als Orientierungshilfe und, falls erforderlich, Angaben zu den benötigten Materialien haben. Auch werden Angaben zur Organisationsform, zum Zeitaufwand, Spielort und nicht zuletzt Schwerpunkt gemacht, sodass Sie genau wissen, welche Fähigkeiten in besonderem Maße gefördert werden sollen.

Die nachfolgenden Teambuilding-Spiele sind übrigens so aufgebaut, dass sie alleine nicht zum Erfolg führen. Vielmehr lernen die Kinder, näher zusammenzurücken, mehr Vertrauen aufzubauen und im wahrsten Sinne des Wortes an einem Strang zu ziehen, sodass sie sich als einen wichtigen Teil im Team erleben. Spielerisch entdecken sie ihre Stärken und Schwächen und ergänzen sich, sodass Schwächen innerhalb des Teams kaum ins Gewicht fallen. Auf diese Weise werden nicht nur bestehende Teams gestärkt und belohnt, sondern auch neue Teams relativ schnell gebildet und einsatzbereit gemacht, sodass alle von Anfang an viel Freude bei der Durchführung von Teambuilding-Spielen haben, die ich an dieser Stelle Ihnen und den Kids jetzt auch von ganzem Herzen wünsche.

Ihre Andrea Erkert

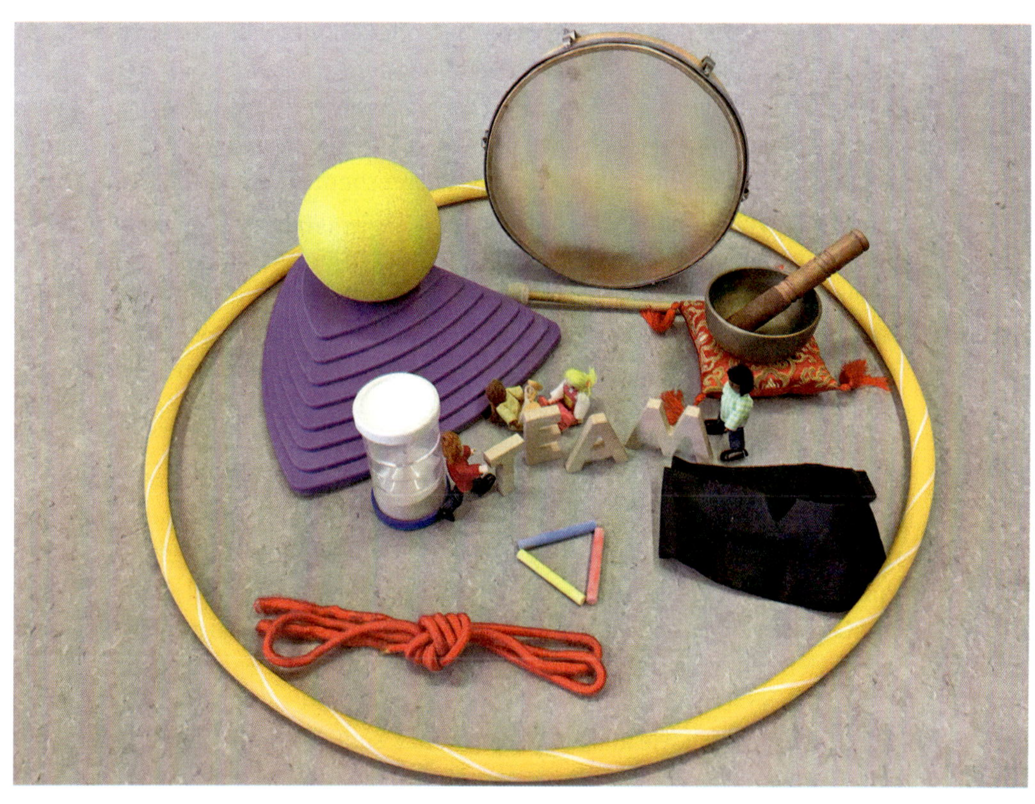

„Aus kleinem Anfang entspringen alle Dinge."

Marcus Tullius Cicero (106 v. Chr. – 43 v. Chr.), römischer Politiker, Anwalt, Schriftsteller und Philosoph

Komm in unseren Kreis hinein!

Wohltuende Rituale für einen guten Start und Abschluss, die das Wir-Gefühl fördern

Im Morgenkreis vertraute Gesichter sehen oder gar neue Kinder kennenlernen und herzlich willkommen heißen, bereitet Kindern eine sehr große Freude. Es ist eine hervorragende Möglichkeit, um in aller Ruhe gemeinsam in den neuen Tag zu starten. Dabei geht es jedoch nicht primär darum, andere voller Freude zu begrüßen und höflich mit ihrem Vornamen anzusprechen. Vielmehr sollen die Kinder völlig entspannt aufeinander zugehen, miteinander warmwerden und dabei von Anfang an eine echte Gemeinschaft bilden. Indem sie im Morgenkreis sofort die Verbundenheit in der Gruppe spüren, wird natürlich auch ihre Vorfreude auf das Kommende gesteigert. Auf diese Weise können die Kinder sich viel schneller und leichter auf Teambuilding-Spiele einlassen, die übrigens nur dann funktionieren, wenn sie gegenüber den anderen Kindern und Spielangeboten aufgeschlossen sind, motiviert, interessiert und begeistert mitmachen.
Im ersten Kapitel werden nun verschiedene Spielideen für den Anfangskreis vorgestellt. Sie dienen dazu, sich gegenseitig zu begrüßen und miteinander vertraut zu werden. Indem die Begrüßungsspiele stets zu Beginn durchgeführt werden, kann daraus bald ein festes Ritual entstehen, das den Kindern viel Halt, Sicherheit und Orientierung gibt, sodass mögliche Ängste und Bedenken gegenüber anderen Kindern oder bestimmten Teamaufgabe schnell wieder in den Hintergrund treten können.
Und so harmonisch wie alles angefangen hat, sollte es ohne Zweifel wieder enden. Aus diesem Grund finden Sie unter jedem Begrüßungsspiel noch ein weiteres Kreisspiel, das das gute Ende einläutet. Derartige Abschlussspiele sorgen dafür, dass die Kinder nicht einfach abrupt auseinandergehen, sondern miteinander einen harmonischen Abschluss zelebrieren, indem sie sich z. B. gegenseitig in die Augen blicken und per Handschlag „Tschüss!“ sagen. Es empfiehlt sich also, vor den Teambuilding-Spielen ein bis zwei Begrüßungsspiele und bevor die Kinder wieder auseinandergehen und somit den Kreis verlassen, ein Abschlussspiel anzubieten, damit den Kindern der Einstieg in die Gemeinschaft erleichtert und der Abschluss versüßt wird.

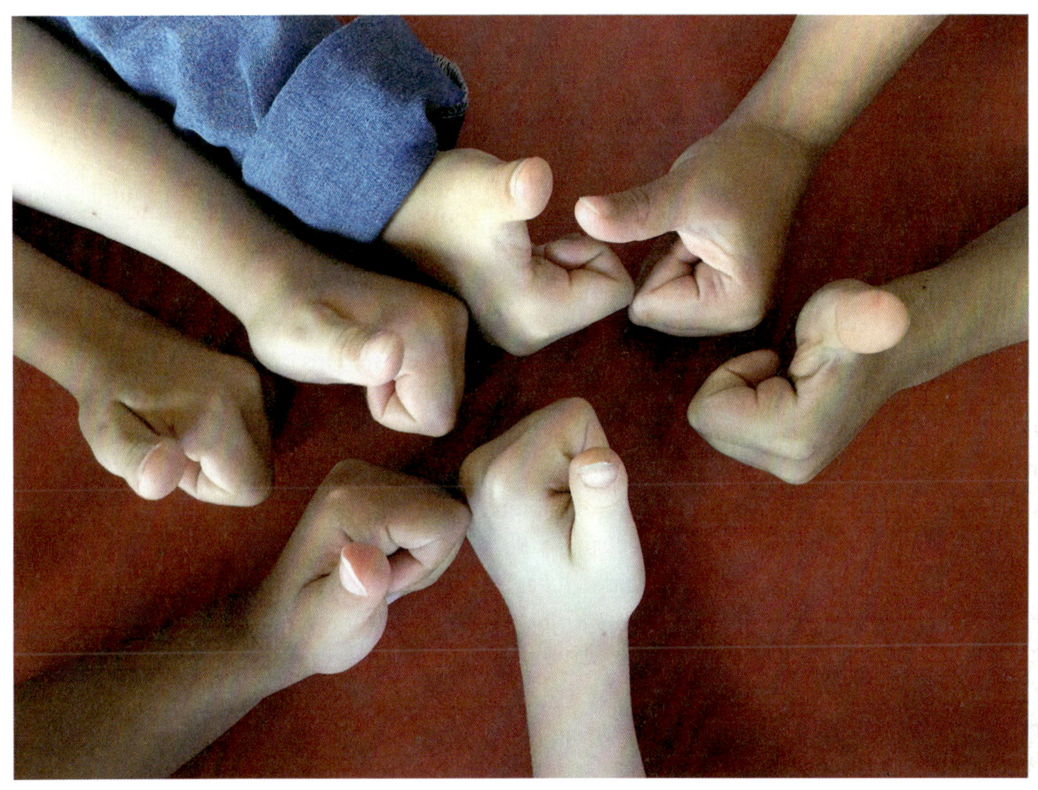

„Wenn über das Grundsätzliche keine Einigkeit besteht, ist es sinnlos, miteinander Pläne zu machen.“

Konfuzius (551 v. Chr. – 479 v. Chr.), chinesischer Philosoph zur Zeit der Östlichen Zhou-Dynastie

Hand in Hand geht's los!

Alter: ab 5 Jahren

Material: 1 Softball

Organisationsform: Klein- oder Großgruppe

Zeitaufwand: 5–10 Minuten

Spielort: Stuhlkreis

Schwerpunkt: Visuelle Wahrnehmung, Konzentration, Geduld, Kommunikation, Reaktion, Augen-Hand-Koordination und Wir-Gefühl

Spielverlauf:
Die Kinder bilden einen Stuhlkreis und stellen sich im Innenkreis direkt vor ihre Stühlen hin. Die Spielleitung holt sich einen Softball und blinzelt einem beliebigen Kind zu. Während sie nun dem betreffenden Kind den Ball zuwirft, ruft sie laut „Hallo!". Das betreffende Kind wirft den Ball wieder zurück, erwidert den Gruß und setzt sich dann auf seinen Stuhl. Auf diese Weise begrüßt die Spielleitung jedes Kind in der Gruppe. Sobald jedoch zwei Kinder nebeneinander im Stuhlkreis sitzen, halten sie sich gegenseitig an den Händen fest.
Das Spiel ist aus, sobald alle Kinder begrüßt wurden und Hand in Hand im Kreis sitzen. Daraufhin sagt die Spielleitung laut:

„Hallo! Schön, dass ihr als Team zusammenhaltet und startet."

Abschlussspiel:
Die Gruppe sitzt im Stuhlkreis. Die Spielleitung blinzelt einem Kind zu, bevor sie diesem den Ball zuwirft. Dabei sagt sie laut „Tschüss!". Das betreffende Kind wirft den Ball wieder zurück und stellt sich hinter seinem Stuhl hin. Auf diese Weise werden alle Kinder nacheinander von der Spielleitung verabschiedet. Sobald jedoch zwei Kinder direkt nebeneinander im Außenkreis stehen, geben sie sich gegenseitig die Hände.
Erst wenn alle Kinder hinter ihren Stühlen stehen und einen geschlossenen Kreis bilden, sagt die Spielleitung laut:

*„Schön, dass ihr euch als Team zum Abschied noch einmal die Hände reicht.
Auf Wiedersehen!"*

Bei diesem Begrüßungsspiel werden die Kinder einzeln von der Spielleitung mithilfe des Balls willkommen geheißen. Indem sie sich dann im Stuhlkreis gegenseitig die Hände reichen, fühlen sich alle von Anfang an als ein wichtiger Teil der Gemeinschaft.

Herzlich willkommen im Team

Alter: ab 5 Jahren

Material: –

Organisationsform: Klein- oder Großgruppe

Zeitaufwand: 5–10 Minuten

Spielort: Stuhlkreis

Schwerpunkt: Visuelle Wahrnehmung, Konzentration, Geduld, Kommunikation und Zugehörigkeitsgefühl

Spielverlauf:
Die Kinder bilden einen Stuhlkreis und verteilen sich überall im Innenkreis. Sie nehmen auf dem Boden Platz und wenden ihren Blick in Richtung Spielleitung, die sich in den Stuhlkreis setzt und sagt:

„Herzlich willkommen im Team, liebe Jenny!"

Das Kind, das in diesem Fall Jenny heißt, steht auf und nimmt links neben der Spielleitung im Stuhlkreis Platz. Danach darf das Kind auf die gleiche Weise ein anderes Kind begrüßen, das nun direkt neben ihm Platz nehmen darf.
Erst wenn alle Kinder so herzlich begrüßt wurden und zusammen im Stuhlkreis sitzen, geben sich gegenseitig die Hände und sagen laut:

„Wir sind ein tolles Team nicht nur hier im Kreis.
Wir hoffen, dass das jeder von uns das weiß!"

Die Kinder lassen sich gegenseitig los und heben den Daumen hoch.

Abschlussspiel:
Das Spiel fängt so an wie oben beschrieben. Die Spielleitung wählt ein beliebiges Kind aus und sagt z. B.:

„Tschüss, liebe Jenny!"

Ein Spiel, bei dem die Kinder nacheinander begrüßt und schließlich auf das tolle Team, das sie bilden, von der Spielleitung spielerisch aufmerksam gemacht werden.

Das betreffende Kind sucht sich einen freien Stuhl im Kreis aus, auf dem es Platz nimmt. Erst wenn alle Kinder auf diese Weise von der Spielleitung verabschiedet wurden und schließlich Hand in Hand im Stuhlkreis sitzen, erfolgt der o. g. Spruch, bei dem jedoch die Kinder nicht „Wir sind …“, sondern „Wir waren …“ sagen und sich dann gegenseitig loslassen, um den Daumen hochzuheben.

Hallo! Wir gehören zusammen!

Alter: ab 5 Jahren

Material: –

Organisationsform: Klein- oder Großgruppe

Zeitaufwand: 5–10 Minuten

Spielort: Stuhlkreis

Schwerpunkt: Visuelle Wahrnehmung, Konzentration, Geduld, taktile und auditive Wahrnehmung sowie Wir-Gefühl

Spielverlauf:
Die Kinder sitzen rittlings auf ihren Stühle und zwar so, dass ihr Rücken in Richtung Innenkreis zeigt. Die Spielleitung geht leise im Innenkreis herum und tippt zu Beginn einem beliebigen Kind mit beiden Händen auf die Schultern und sagt leise:

„Hallo Ismael! Du gehörst zu uns!"

Das betreffende Kind steht auf und geht zu einem weiteren Kind, das mit dem Rücken in Richtung Kreismitte sitzt. Es tippt dem Kind nun mit den Fingern auf den Rücken und begrüßt es genauso namentlich. Während nun das betreffende Kind das Spiel fortsetzt, setzt sich das erste Kind ganz in den Stuhlkreis.
Auf diese Weise geht es immer weiter, bis alle Kinder zusammen im Stuhlkreis sitzen und sich gegenseitig in die Augen blicken können. Am Schluss zeigt die Spielleitung rundherum auf die einzelnen Kinder und sagt laut:

„Wir gehören zusammen und bilden nun ein Team!"

Abschlussspiel:
Sobald die Spielleitung einem Kind mit den Fingern auf den Rücken tippt und dieses leise verabschiedet, dreht sich das betreffende Kind um und setzt sich so in den Stuhlkreis, dass es in Richtung Kreismitte blicken kann. Es tippt dann vom Platz aus genauso auf die Schultern desjenigen Kindes, das links neben ihm sitzt, um es ebenso zu verabschieden. Das zweite Kind setzt sich so wie das erste Kind

Ein schönes Spiel, um sich gegenseitig leise „Hallo!" zu sagen. Es eignet sich besonders gut für Kinder, die einander kennen und somit nicht ganz fremd sind.

in den Stuhlkreis und führt das Spiel auf die gleiche Weise bei demjenigen Kind fort, das links neben ihm im Stuhlkreis sitzt.
Erst wenn alle Kinder zusammen mit Blick in Richtung Kreismitte im Stuhlkreis sitzen, sagt die Spielleitung laut:

„Ihr seid heute ein tolles Team gewesen! Auf Wiedersehen!"

Ein Hoch auf uns!

Alter: ab 5 Jahren

Material: –

Organisationsform: Klein- oder Großgruppe

Zeitaufwand: 3–5 Minuten

Spielort: Stuhlkreis

Schwerpunkt: Visuelle und auditive Wahrnehmung, Konzentration, Geduld, Motorik und Gemeinschaftsgefühl

Spielverlauf:
Die Kinder knien im Innenkreis auf dem Boden. Die Spielleitung ruft ein Kind auf, das sich auf seinen Stuhl stellen darf. Dabei ruft die Gruppe laut:

„Hallo! Schön, dass Du da bist!"

Danach ruft die Spielleitung ein weiteres Kind im Innenkreis auf, das es dem ersten Kind gleichtut. Dabei sagt die Gruppe erneut: „Hallo! Schön, dass du da bist!" Es geht so immer weiter, bis alle Kinder auf den Stühlen im Kreis stehen. Auf Anweisung der Spielleitung hin heben sie dann ihre Arme nach oben in die Luft und springen der Reihe nach auf den Boden. Dabei rufen sie jedes Mal laut:

„Ein Hoch auf uns!"

Abschlussspiel:
Alle Kinder stehen auf ihren Stühlen im engen Kreis beisammen und werden der Reihe nach von der Spielleitung namentlich verabschiedet. Sobald jedoch ein Kind an der Reihe gewesen ist, hebt es seine Arme kurz weit nach oben in die Luft. Am Ende dürfen dann alle dieses Mal Hand in Hand in Richtung Innenkreis springen. Dabei ruft die Gruppe laut:

„Ein Hoch auf uns! Tschüss! Bis zum nächsten Mal!"

Bei dieser Praxisidee geht es um das Hochgefühl, das von Anfang an im Team bestehen sollte, um erfolgreich und gut miteinander arbeiten zu können.

Wer gehört zum Team?

Alter: ab 5 Jahren

Material: –

Organisationsform: Klein- oder Großgruppe

Zeitaufwand: 3–5 Minuten

Spielort: Turnhalle, Raum oder Außengelände

Schwerpunkt: Visuelle und auditive Wahrnehmung, Kommunikation, Konzentration, Geduld, Motorik und Zugehörigkeitsgefühl

Spielverlauf:

Die Kinder stehen Hand in Hand im Kreis beisammen. Miteinander benennen sie im Uhrzeigersinn der Reihe nach die Kinder, indem sie z. B. sagen „Matthias gehört zu unserem Team, Melissa gehört zu unserem Team, Marcello gehört zu unserem Team“ usw. Sobald jedoch ein Vornamen benannt wird, gehen die Kinder bei jeder Silbe leicht in die Hocke.

Am Ende heißt die Spielleitung alle Kinder im Team herzlich willkommen.

Abschlussspiel:

Die Gruppe kniet zusammen im Kreis auf dem Boden. Die Spielleitung möchte von den Kindern wissen, wer zum Team gehört und nun verabschiedet wird. Daraufhin benennen die Kinder ausgehend von demjenigen Kind, das links neben der Spielleitung steht, der Reihe nach die einzelnen Kinder namentlich und patschen dabei stets bei jeder Silbe mit den Händen auf ihre Oberschenkel. Immer wenn ein Kind namentlich verabschiedet wurde, steht es auf.

Am Schluss verabschiedet die Spielleitung alle Kinder im Team, die sich nun gegenseitig kurz die Hände geben, bevor sie auseinandergehen.

Indem die Kinder bei jeder Silbe leicht in die Hocke gehen, zeigen sie ihre Wertschätzung gegenüber dem betreffenden Kind, das gerade benannt wird. Gleichzeitig können sie so besonders gut die Vornamen von den einzelnen Kindern, mit denen sie heute die Teambuilding-Spiele durchführen, verinnerlichen.

Von Anfang an verbunden

Alter: ab 6 Jahren

Material: –

Organisationsform: Kleingruppe

Zeitaufwand: 5 Minuten

Spielort: Turnhalle, Raum oder Außengelände

Schwerpunkt: Visuelle und taktile Wahrnehmung, Kommunikation, Fantasie, Kreativität und Wir-Gefühl

Spielverlauf:
Die Gruppe steht eng zusammen im Kreis. Ein beliebiges Kind beginnt und wendet sich demjenigen Kind zu, das links neben ihm auf der Kreisbahn steht. Es begrüßt das Kind mit einem freundlichen „Hallo!“ und nimmt auf irgendeine Weise Körperkontakt auf, z. B. indem es die rechte Schulter, den Rücken oder gar die Hüfte des Kindes berührt. Das betroffene Kind wendet sich wiederum seinem linken Nachbarskind zu, das es ebenfalls mit einem Lächeln im Gesicht begrüßt und schließlich auf irgendeine Art berührt.
Es geht so immer weiter, bis alle Kinder im wahrsten Sinne des Wortes miteinander im Kreis verbunden sind. Bevor jedoch die Kinder sich wieder bequem auf ihren Ausgangsplatz stellen, erklärt die Spielleitung den Kindern, dass sie als Team von Anfang an auf verschiedene Weise miteinander in Kontakt treten und zusammenarbeiten können.

Abschlussspiel:
Auf Anweisung der Spielleitung hin darf dasjenige Kind, das sein linkes Nachbarkind verabschiedet, z. B. mit der linken Hand auf dessen rechten Schulter fassen. Danach tut es ihm sein linkes Nachbarskind mit dem Kind, das nun links neben ihm steht, gleich.
Erst wenn alle sich gegenseitig an den Schultern festhalten, sagt die Spielleitung den Kindern, dass sie so noch einmal bewusst die Gemeinschaft spüren können, bevor sie gemeinsam den Kreis auflösen.

Dieses Spiel ermöglicht es den Kindern, die Verbundenheit im Team zu spüren und dabei so ganz nebenbei frisch und fröhlich gemeinsam in den neuen Tag zu starten.

Auf die Schultern klopfen, fertig, los!

Alter: ab 6 Jahren

Material: 1 Handtrommel

Organisationsform: Klein- oder Großgruppe

Zeitaufwand: 5 Minuten

Spielort: Stuhlkreis

Schwerpunkt: Auditive und visuelle Wahrnehmung, Reaktion, Kommunikation, Selbstvertrauen und Wir-Gefühl

Spielverlauf:
Zum Rhythmus des Trommelspiels, das durch die Spielleitung erfolgt, gehen die Kinder im Innenkreis herum. Stoppt das Trommelspiel, dürfen immer zwei Kinder sich zur Begrüßung gegenseitig auf die Schultern klopfen. Erfolgt ein neuer Trommelschlag sucht sich jedes Kind ein neues Partnerkind aus, dem es dann zur Begrüßung auf die Schultern klopft.
Es geht so immer weiter, bis alle Kinder sich gegenseitig begrüßen konnten und schließlich ein kräftiger Trommelwirbel zu hören ist. Daraufhin setzen sich alle Kinder rasch in den Stuhlkreis. Dort angekommen, ruft die Spielleitung laut:

„Auf die Schultern, fertig, los!"

Die Kinder fassen sich gegenseitig auf die Schultern und bilden so einen geschlossenen Kreis. Danach sagt die Spielleitung laut:

„Eine starkes Team sind wir.
Das sage ich Dir, Dir, Dir ...!"

Die Spielleitung deutet bei jedem „Dir!" nacheinander im Uhrzeigersinn auf die einzelnen Kinder.

Abschlussspiel:
Die Kinder sitzen auf ihren Stühlen im Kreis. Erst wenn die Spielleitung „Auf die Schultern, fertig, los!" ruft, laufen alle in Richtung Innenkreis, um jemanden aus

Sich gegenseitig auf die Schultern klopfen, stärkt das Selbstvertrauen und fördert den Zusammenhalt. Auf diese Weise wird den Kindern signalisiert, dass sie gemeinsam stark sind und so auch viele Teamaufgaben wesentlich leichter meistern können.

der Gruppe zum Abschied auf die Schultern zu klopfen. Danach setzen sich alle Kinder rasch in den Stuhlkreis und laufen erst wieder los, sobald die Spielleitung erneut „Auf die Schultern, fertig, los!" ruft.
Nach ein paar Durchgängen fassen sich jedoch alle im Stuhlkreis gegenseitig auf die Schultern. Die Spielleitung verabschiedet die Gruppe folgendermaßen:

„Ein starkes Team waren wir!
Das sage ich Dir, Dir, Dir, ... !"

Dabei deutet sie bei jedem „Dir" im Uhrzeigersinn der Reihe nach auf die einzelnen Kinder.

Hallo! Wir sind ein Team!

Alter: ab 6 Jahren

Material: 1 Handtrommel

Organisationsform: Klein- oder Großgruppe

Zeitaufwand: 5–10 Minuten

Spielort: Stuhlkreis

Schwerpunkt: Auditive und visuelle Wahrnehmung, Schnelligkeit, Reaktion Motorik, Kommunikation und Gemeinschaftsgefühl

Alle Kinder sitzen zusammen im Stuhlkreis. Ein Kind, das möchte, läuft dann im Rhythmus des Trommelspiels, das durch die Spielleitung erfolgt, im Slalom zwischen den Stühlen herum. Das geht so lange, bis das Trommelspiel stoppt. Es wendet sich demjenigen Kind zu, das sich unmittelbar vor ihm befindet. Das betreffende Kind steht auf und hält das erste Kind von hinten mit beiden Händen an den Schultern fest. Danach setzt das Trommelspiel wieder ein, zu dessen Rhythmus die beiden Kinder im Slalom zwischen den Stühlen laufen. Sobald jedoch das Trommelspiel aufhört, bleiben die beiden Kinder stehen, um das nächste Kind im Stuhlkreis auf die gleiche Weise abzuholen.
Das Spiel ist beendet, sobald alle Kinder eine lange Schlange bilden und dabei stets dem vor ihnen stehenden Kind an die Schultern fassen. Die Spielleitung begrüßt die Gruppe herzlich und führt dann die Schlange im Innenkreis herum. Irgendwann bleibt sie jedoch stehen und wendet sich der Gruppe zu. Dabei sagt sie laut:

„Wir stehen fest hintereinander und sind nicht alleine.
Das ist das, was ich unter dem Begriff ‚Team' meine!"

Abschlussspiel:
Zum Rhythmus des Trommelspiels, das durch die Spielleitung erfolgt, laufen alle Kinder hintereinander im Slalom um die einzelnen Stühle herum. Dabei halten sie sich gegenseitig an den Schultern fest. Stoppt das Trommelspiel, darf dasjenige Kind, das die Gruppe anführt, im Stuhlkreis Platz nehmen. Dabei wird es namentlich von der Gruppe verabschiedet. Danach setzt das Trommelspiel wieder

Trotz Hindernissen aufeinander zugehen, sich gegenseitig begrüßen, wahrnehmen und mitnehmen, stärkt enorm das Wir-Gefühl, sodass sich alle gleich zu Beginn dazugehörig fühlen.

ein, sodass das vorderste Kind in der Schlange im Takt die Gruppe jetzt so lange anführt, bis das Trommelspiel erneut stoppt.
Es geht so immer weiter, bis alle Kinder namentlich verabschiedet wurden und zusammen im Stuhlkreis sitzen. Danach sagt die Spielleitung laut:

„Auf Wiedersehen hier in unserem Kreis.
Wir bleiben ein Team, wie jeder von uns weiß!"

Zusammenrücken und warmwerden

Alter: ab 6 Jahren

Material: Klangschale

Organisationsform: Klein- oder Großgruppe

Zeitaufwand: 5–10 Minuten

Spielort: Turnhalle, Raum oder Außengelände

Schwerpunkt: Auditive, visuelle und taktile Wahrnehmung, Konzentration, Geduld, Kommunikation und Wir-Gefühl

Spielverlauf:
Die Kinder stehen in einem großzügigen Halbkreis ca. 2 bis 3 Meter von der Spielleitung entfernt. Während nun die Spielleitung die Klangschale anschlägt, machen alle Kinder einen großen Schritt in Richtung Spielleitung. Sie reichen sich gegenseitig die Hände und warten so lange ab, bis der Klang verklungen ist. Danach schlägt die Spielleitung erneut die Klangschale an. Die Kinder machen wieder einen großen Schritt in Richtung Spielleitung und bleiben dann stehen. Sie halten sich gegenseitig am Rücken fest und warten erneut ab, bis der Klang verklungen ist. Abermals schlägt die Spielleitung die Klangschale an. Die Kinder machen wieder einen Riesenschritt in Richtung Spielleitung, sodass sie sich gegenseitig umarmen können. Steht die Gruppe eng beisammen, schließen sie gemeinsam mit der Spielleitung den Kreis, die die Gruppe herzlich willkommen heißt. Dabei erklärt sie den Kindern auch, dass sie viel mehr erreichen können, wenn sie als Team von Anfang an zusammenrücken und an einem Strang ziehen.

Abschlussspiel:
Die Kinder stehen zusammen im Halbkreis. Die Spielleitung stellt sich vor den Kindern hin. Sobald jedoch die Spielleitung die Klangschale anschlägt, macht eines von ihnen, das sie namentlich benennt, einen großen Schritt nach vorne. Danach schlägt sie erneut die Klangschale an. Danach darf dasjenige Kind, das links neben der Lücke steht, sich zu dem ersten Kind gesellen. Die beiden Kinder legen jeweils einen Arm um die Schulter des anderen.

Bei diesem Spiel kommen die Kinder im Kreis langsam zusammen und spüren so die Verbundenheit im Team, was wiederum ein gutes Bauchgefühl erzeugt.

Auf diese Weise kommen auch die übrigen Kinder der Reihe nach im Uhrzeigersinn dazu. Stehen alle Kinder Arm in Arm beisammen, bilden sie einen geschlossenen Kreis und sagen laut:

„Wir sind stets füreinander da!
Tschüss! Wir kommen wieder! Hurra!"

So geht's aufwärts

Alter: ab 7 Jahren

Material: –

Organisationsform: Kleingruppe

Zeitaufwand: 5–10 Minuten

Spielort: Stuhlkreis

Schwerpunkt: Visuelle und auditive Wahrnehmung, Konzentration, Geduld, Motorik und Gemeinschaftsgefühl

Spielverlauf:
Die Kinder stehen im Innenkreis direkt vor ihren Stühlen. Auf ein Kommando der Spielleitung hin geben sie sich gegenseitig die Hände. Danach dürfen die Kinder Hand in Hand auf ihre Stühle steigen. Sollten sie sich dabei gegenseitig loslassen, fängt das Spiel von vorne an.
Sobald jedoch alle Kinder Hand in Hand auf ihren Stühlen stehen, lassen sie sich kurz los und drehen sich in Richtung Kreismitte. Erst, wenn alle Kinder auf den Stühlen sich wieder gegenseitig die Hände gegeben haben, begrüßt die Spielleitung die Gruppe herzlich und fügt hinzu:

„Wir fangen jetzt an.
So geht's aufwärts dann!"

Abschlussspiel:
Die Kinder stellen sich direkt vor ihren Stühlen im Außenkreis hin. Dabei zeigen die Stuhllehnen in Richtung Kreismitte. Eines der Kinder steigt auf seinen Stuhl und bittet dasjenige Kind, das links neben ihm auf der Kreisbahn steht, sich auf seinen eigenen Stuhl zu stellen. Stehen die beiden Kinder Hand in Hand auf ihren Stühlen, bittet wiederum das zweite Kind auf dem Stuhl dasjenige Kind, das links neben ihm auf der Kreisbahn steht, zu sich her.
Das geht so lange, bis alle Kinder Hand in Hand auf ihren Stühlen zusammen im Kreis stehen und die Spielleitung Folgendes sagt:

„Sind wir alle oben endlich dann,
fängt alles wieder von vorne an.
Auf Wiedersehen!"

Bei diesem Spiel wird den Kinder bewusstgemacht, dass sie gemeinsam viel Spaß haben, miteinander hochkommen und dabei viele Ziele erreichen können.

Verschiedene Gruppenkonstellationen kennenlernen

Ruckzuck Spiele für die Partner- und Gruppenbildung, um aufgabengerecht Teams zusammenzusetzen

In der Praxis können Teams sehr unterschiedlich aufgebaut und zusammengesetzt sein. Sie können z. B. in ihrer Größe variieren und manchmal auch nur für einen kurzen Zeitraum existieren. Sie können entweder ähnliche oder sehr verschiedene Teammitglieder haben, die allesamt Stärken und Schwächen mitbringen. So gibt es im Team Personen, die z. B. gerne den Ton angeben, eher ruhig und still sind, in bestimmten Situationen einen kühlen Kopf bewahren oder erst dann so richtig aufblühen, wenn sie innovative Ideen entwickeln und kreativ sein dürfen. Die einzelnen Teammitglieder können auf ganz unterschiedliche Weise an Aufgaben herangehen und gerade dadurch mit ihrem Team sehr gute Ergebnisse erzielen. Viele Kinder kennen Teams vor allem durch Mannschaftssportarten und wissen, dass diese das Allerbeste geben, um ein Spiel zu gewinnen. Sie finden es übrigens cool, wenn sie selbst bei einer Mannschaftssportart aktiv mitmachen dürfen. Sie freuen sich, wenn sie gemeinsam ein Spiel gewinnen und sind mehr als enttäuscht, wenn sie trotz enormer Kraftanstrengung nicht das gewünschte Ergebnis erzielen und dadurch zu den Verlieren zählen können. Durch den Teamgedanke im Sinne von „Wir schaffen das!" lassen sich aber auch Niederlagen, die ja zum Leben gehören, wesentlich besser ertragen. Damit jedoch Kinder nicht immer nur mit ihren Freunden ein Team bilden, ist es wichtig, dass sie spielerisch verschiedene Gruppenkonstellationen und somit auch die Vorteile von bunt gemischten Teams kennenlernen.

Bei den folgenden Praxisideen dürfen die Kinder sich entweder auf Partnersuche begeben oder größere gleich starke Gruppen bilden, sodass sie dann zu zweit oder mit mehreren in einem Team zusammenarbeiten können. Indem sie das tun, lernen sie spielerisch aufeinander zuzugehen und sich auf andere Kinder einzulassen, die ihnen vielleicht auf den ersten Blick unsympathisch erscheinen oder die sie aufgrund verschiedener Erfahrungen und Erlebnisse einfach nicht richtig mögen. Dabei lernen sie verschiedene Gruppenkonstellationen kennen und vielleicht, trotz anfänglicher Bedenken, miteinander dann im Team auszukommen. Auf diese Weise können sie gegenseitig von ihrem Wissen und Können profitieren und dabei ihren eigenen Horizont erweitern.

„Es sind Begegnungen mit Menschen, die das Leben lebenswert machen.“

Guy de Maupassant (1850–1893), französischer Erzähler und Novellist

Auf die Plätze, fertig, los! Jetzt gilt's!

Alter: ab 5 Jahren

Material: 1 Handtrommel; evtl. 4 Markierungskegel

Organisationsform: Klein- oder Großgruppe, gerade Anzahl an Kindern

Zeitaufwand: 5–10 Minuten

Spielort: Turnhalle, Raum oder Außengelände

Schwerpunkt: Auditive und visuelle Wahrnehmung, Reaktion, Schnelligkeit und Partnerfindung; evtl. Gruppenfindung

Spielverlauf:
Zum Rhythmus des Trommelspiels, das durch die Spielleitung erfolgt, laufen alle Kinder kreuz und quer auf einem überschaubaren Spielfeld herum, das mit vier Markierungskegeln o. Ä. gekennzeichnet sein kann.
Sobald jedoch das Trommeln verstummt, bilden die Kinder blitzschnell Paare. Erfolgt das Trommeln erneut, laufen sie wieder einzeln durch den Raum. Erst wenn abermals das Trommeln aufhört, bilden die Kinder wieder Paare.
Das Hin und Her geht so lange, bis die Spielleitung einmal kräftig trommelt und ruft:

„Auf die Plätze, fertig, los! Jetzt gilt's!"

Daraufhin bilden die Kinder zum letzten Mal Paare, sodass sie dann zu zweit als Team zusammenarbeiten können.

Variante:
Anstelle Paare zu bilden, dürfen auf ein Kommando der Spielleitung hin mehrere Kinder z. B. eine Vierergruppe bilden. Ansonsten verläuft alles so wie oben beschrieben.

Ein schönes Spiel, bei dem die Kinder sich gegenseitig intensiv wahrnehmen und irgendwann Paare bilden, die dann als Team zusammenarbeiten dürfen.

Teamauswahl auf Trommelschlag

Alter: ab 5 Jahren

Material: 2 Handtrommeln, 2 Markierungskegel o. Ä.; evtl. 1 Kreide, 1 Handtrommel

Organisationsform: Klein- oder Großgruppe, gerade Anzahl an Kindern

Zeitaufwand: 3–5 Minuten

Spielort: Turnhalle oder Außengelände

Schwerpunkt: Visuelle und auditive Wahrnehmung, Reaktion und Gruppenfindung

Vorbereitung:
Die Spielleitung zeichnet, falls nicht vorhanden, auf den Boden einen großen Kreis auf. Sie stellt einen Markierungskegel auf die Kreisbahn und den zweiten direkt gegenüber ebenfalls auf die Kreisbahn.

Spielverlauf:
Zwei Kinder stehen auf der Kreisbahn direkt neben jeweils einem der Markierungskegel und erhalten jeweils eine Trommel von der Spielleitung. Alle übrigen Kinder laufen im Innenkreis so lange herum, bis eines von beiden kurz trommelt. Die Kinder im Innenkreis bleiben stehen und warten ab, wen das Kind, das soeben getrommelt hat, benennt. Das betreffende Kind läuft zu dem Kind, um die Trommel in Empfang zu nehmen und sich zu diesem auf die Kreisbahn zu stellen. Danach laufen alle Kinder im Innenkreis wieder so lange herum, bis das zweite Kind auf der gegenüberliegenden Seite kurz trommelt und sich auf die gleiche Weise ein Kind im Innenkreis aussucht.
Das geht so lange, bis alle Kinder im Innenkreis entweder sich in der ersten oder zweiten Gruppe befinden.

Variante:
Alle Kinder bis auf zwei stehen auf der Kreisbahn. Die beiden Kinder stehen in der Kreismitte. Zum Rhythmus des Trommelspiels, das durch die Spielleitung erfolgt, bewegen sich die übrigen Kinder so lange im Takt vom Platz aus auf der Kreisbahn, bis das Trommeln verstummt. Die beiden Kinder in der Kreismitte wählen

In Bewegung kommen und locker werden, bevor man in ein Team aufgenommen wird, ist für Kinder mit jeder Menge Spielspaß verbunden und hilft insbesondere schüchternen Kindern dabei, aus sich herauszukommen und selbstbewusster auf andere zuzugehen.

abwechselnd die Kinder auf der Kreisbahn aus, die ihrer Meinung nach später gut in ihr Team passen würden.
Es geht so immer weiter, bis alle Kinder verteilt wurden und zwei gleich große Gruppen entstanden sind, die sich schließlich als verschiedene Teams auf den Weg machen.

Zu zweit! Auf los, geht's los!

Alter: ab 5 Jahren

Material: 1 Trillerpfeife

Organisationsform: Klein- oder Großgruppe, gerade Anzahl an Kindern

Zeitaufwand: 3–5 Minuten

Spielort: Turnhalle oder Raum

Schwerpunkt: Visuelle und auditive Wahrnehmung, Schnelligkeit, Reaktion und Partnerfindung

Spielverlauf:
Die Kinder verteilen sich in einer der vier Raumecken. Sobald jedoch die Spielleitung pfeift und

„Zu zweit! Auf los, geht's los!"

ruft, laufen alle Kinder aufeinander zu, um möglichst schnell ein Partnerkind zu finden. Diejenigen Paare, die sich bereits gefunden haben, halten sich an den Händen fest und setzen sich auf den Boden. Auf diese Weise haben die übrigen Kinder einen guten Überblick darüber, mit wem sie gegebenenfalls noch ein Paar bilden können.
Erst wenn alle Paare auf dem Boden sitzen, können die Kinder gegebenenfalls auf Anweisung der Spielleitung hin paarweise aufeinander zugehen und eine Vierergruppe bilden.

Variante:
Die Hälfte der Gruppe verteilt sich im Raum und kniet sich auf den Boden hin. Alle übrigen Kinder stellen sich mit dem Rücken vor irgendeiner Wand im Raum auf. Erfolgt das Kommando „Zu zweit! Auf los, geht' los!", läuft die erste Gruppe los, um sich jeweils ein freies Kind, das auf dem Boden kniet, zu suchen. Auf Anweisung der Spielleitung hin können die einzelnen Paare auch noch aufeinander zugehen und Vierergruppen bilden.

Ein Spiel, bei dem die Kinder nicht nur schnell, sondern auch sehr spontan miteinander Paare bilden. Auf diese Weise können auch Kinder, die nicht nur ähnliche, sondern auch sehr unterschiedliche Fähigkeiten, Vorlieben und Interessen haben, gut miteinander in Kontakt kommen und einen Partner finden.

Flaschendrehen zur Auswahl

Alter: ab 6 Jahren

Material: 1 leere runde Flasche

Organisationsform: Kleingruppe, gerade Anzahl an Kindern

Zeitaufwand: 3–5 Minuten

Spielort: Tisch

Schwerpunkt: Visuelle Wahrnehmung, Kommunikation, Geduld, Motorik und Partnerfindung; evtl. Gruppenfindung

Spielverlauf:
Die Kinder sitzen zusammen am Tisch, auf dessen Mitte sich eine Flasche befindet. Eines von den Kindern beginnt und spielt das altbekannte Spiel „Flaschendrehen", bei dem es die Flasche schwungvoll dreht. Dasjenige Kind, auf den der Flaschenhals zeigt, bildet mit ihm ein Paar und steht auf. Danach darf ein anderes Kind am Tisch die Flasche schwungvoll drehen und so ein weiteres Kind, das noch am Tisch sitzt, auswählen.
Auf diese Weise geht es immer weiter, bis alle Kinder jeweils ein Partnerkind gefunden haben.

Variante:
Zwei Kinder sitzen mit den übrigen um einen Tisch herum. Sie drehen abwechselnd schwungvoll die Flasche. Dabei gehören immer diejenigen Kinder, auf die der Flaschenhals zeigt, zu ihrer Gruppe. Die betreffenden Kinder entfernen sich vom Tisch und begeben sich zu dem Kind, das sie mithilfe der Flasche zufällig ausgewählt hat.

Das „Flaschendrehen" ist ein uraltes Spiel, bei dem die Spieler nach dem Zufallsprinzip an die Reihe kommen und eine Aufgabe erfüllen müssen. In diesem Fall jedoch wurden die Spielregeln etwas geändert, mit dem Ziel, verschiedene Teams zu bilden.

Hinter Dir stehe ich!

Alter: ab 6 Jahren

Material: 1 Handtrommel

Organisationsform: Klein- oder Großgruppe

Zeitaufwand: 5–10 Minuten

Spielort: Stuhlkreis

Schwerpunkt: Auditive und visuelle Wahrnehmung, Schnelligkeit, Reaktion und Partnerfindung

Spielverlauf:

Die Hälfte der Gruppe bildet einen großzügigen Stuhlkreis. Danach laufen alle Kinder kreuz und quer im Innen- und Außenkreis herum. Das geht so lange, bis ein kräftiger Trommelwirbel durch die Spielleitung erfolgt. Die Kinder suchen sich so schnell wie möglich einen freien Platz. Diejenigen Kinder, die keinen freien Stuhl finden konnten, laufen wieder so wie zu Beginn herum. Erfolgt erneut ein kräftiger Trommelwirbel durch die Spielleitung, begeben sie sich rasch hinter einen Stuhl, auf dem ein Kind sitzt. Die Kinder im Stuhlkreis wenden sich den Kindern hinter ihren Stühlen zu und sind gespannt, wer mit ihnen nun ein Paar bildet.

Variante:

Die Hälfte der Gruppe sitzt im Stuhlkreis. Alle übrigen Kinder befinden sich außerhalb vom Stuhlkreis und laufen im Takt zum Trommelspiel, das durch die Spielleitung erfolgt, links im Außenkreis herum. Stoppt das Trommelspiel, stellen sie sich rasch hinter einem Stuhl auf. Erst wenn sich hinter jedem Stuhl ein Kind befindet, wurden alle Paare gebildet.

Bei dieser Praxisidee dürfen sich die Kinder im Stuhlkreis überraschen lassen, wer sich hinter ihnen befindet und mit ihnen gleich ein Paar bildet.

Ich spiele Dir den Ball zu!

Alter: ab 5 Jahren

Material: 2–3 Softbälle

Organisationsform: Klein- oder Großgruppe

Zeitaufwand: 5–10 Minuten

Spielort: Turnhalle, Raum oder Außengelände

Schwerpunkt: Visuelle Wahrnehmung, Konzentration, Geduld und Augen-Hand-Koordination und Gruppenfindung

Spielverlauf:
Je nachdem, wie viele Gruppen gebildet werden sollen, bekommt die entsprechende Anzahl an Kindern jeweils einen Softball von der Spielleitung in die Hand gedrückt.
Die betreffenden Kinder stellen sich vor den übrigen Kindern auf. Eins von ihnen beginnt und wirft seinen Ball einem Kind zu, das es vorher namentlich benennt. Das betreffende Kind fängt den Ball auf und wirft den Ball zurück. Es geht dann zu dem Kind, mit dem es eine Gruppe bildet. Danach darf das nächste Kind, das ebenfalls einen Ball von der Spielleitung erhalten hat, auf die gleiche Weise ein weiteres Kind für seine Gruppe auswählen.
So geht es immer weiter, bis sich alle Kinder jeweils in einer Gruppe befinden.

Variante:
Zwei bis drei Kinder halten jeweils einen Softball in der Hand und stehen direkt vor der Gruppe. Sie rollen nacheinander jeweils einem Kind, das sich bei den übrigen Kindern befindet, ihren Ball zu.
Das wiederholen sie so lange, bis alle Kinder sich in einer der Gruppen befinden. Jede Gruppe arbeitet dann als Team zusammen.

Hinweis:
Bei dem oben genannten Spiel können so bei einer geraden Anzahl an Kindern z. B. zwei gleich große Gruppen und bei einer ungeraden Anzahl an Kindern z. B. drei gleich große Gruppen gebildet werden.

Ein Ballspiel, das gezielt zur Gruppenfindung genutzt werden kann. Dabei ist der Ball ein hervorragendes Hilfsmittel, um auf sich aufmerksam zu machen.

Wer steht zusammen im Kreis?

Alter: ab 5 Jahren

Material: 1 Handtrommel, für jede Gruppe 1 Gymnastikreifen

Organisationsform: Großgruppe

Zeitaufwand: 5–10 Minuten

Spielort: Turnhalle oder Raum

Schwerpunkt: Auditive und visuelle Wahrnehmung, Schnelligkeit, Reaktion und Gruppenfindung

Vorbereitung:
Die Spielleitung legt für jede Gruppe, die gebildet werden soll, einen Gymnastikreifen auf Boden.

Spielverlauf:
Zum Rhythmus des Trommelspiels, das durch die Spielleitung erfolgt, laufen die Kinder ganz nach Belieben zwischen den einzelnen Reifen herum. Sobald jedoch das Trommelspiel stoppt und die Spielleitung z. B. „Drei Kinder!“ ruft, begibt sich jedes Kind so schnell wie möglich in einen Reifen. Es dürfen jedoch in diesem Fall nur drei Kinder in jeweils einem Reifen stehen, die dann miteinander als Team zusammenarbeiten können.

Variante:
Die Kinder stellen sich z. B. zu dritt in irgendeinen Reifen. Sobald jedoch die Spielleitung einmal kräftig trommelt, entscheiden die Kinder selbst, ob sie stehenbleiben oder vielleicht mit einem Kind aus einem anderen Reifen den Platz wechseln wollen.

Ein Gymnastikreifen, der weder einen Anfang noch ein Ende hat, ist geradezu ideal, um den Kindern, die im Reifen sehen, ein Wir-Gefühl zu vermitteln. Auf diese Weise erkennen die Kinder auch relativ schnell, wer zu ihrer oder einer anderen Gruppe gehört.

Lasst das Los entscheiden

Alter: ab 6 Jahren

Material: für jedes Kind 1 Zettel, 1 Stift; 1 kleiner Eimer

Organisationsform: Klein- und Großgruppe

Zeitaufwand: 5–10 Minuten

Spielort: Stuhlkreis

Schwerpunkt: Geduld, visuelle Wahrnehmung, Kommunikation, Gruppenfindung

Vorbereitung:
Die Spielleitung schreibt auf die Hälfte der Zettel den Buchstaben A und auf die übrigen den Buchstaben B. Spielt jedoch eine ungerade Anzahl an Kindern mit, dann kann auch ein dritte Gruppe gebildet werden. Dementsprechend schreibt die Spielleitung auf jeweils ein Drittel der Zettel den Buchstaben A, B oder C. Die Zettel faltet sie in der Mitte zusammen, sodass die Buchstaben nicht mehr zu erkennen sind. Die Lose gibt sie in einen Eimer.

Spielverlauf:
Die Kinder sitzen im Stuhlkreis beisammen und warten ab, bis die Spielleitung im Innenkreis bei ihnen vorbeikommt. Die Kinder holen der Reihe nach jeweils ein Los aus dem Eimer. Jedes Kind faltet seinen Zettel auseinander und ist gespannt, wie der Buchstabe auf seinem Zettel lautet. Die Kinder tauschen sich untereinander aus und bilden mit denjenigen Kindern eine Gruppe, die den gleichen Buchstaben wie sie selbst auf ihrem Zettel stehen haben.

Variante:
Die Spielleitung geht im Innenkreis auf ein Kind zu, das aus dem Eimer ein Los entnehmen darf. Es geht dann mit dem Eimer von der Spielleitung auf ein anderes Kind zu, das ebenfalls ein Los aus dem Eimer nimmt. Die beiden Kinder tauschen ihre Plätze, sodass sich das neue Kind mit dem Eimer auf die Suche nach einem weiteren Kind machen darf.
Es geht immer so weiter, bis alle Kinder ein Los erhalten haben. Die Kinder falten ihre Zettel auseinander und schauen nach, zu welcher Gruppe sie gehören.

Ein Los ziehen und abwarten, was man bekommt, ist spannend und aufregend zugleich. Auf diese Weise lassen sich natürlich auch interessant zusammengesetzte Gruppen bilden.

Eins, zwei, drei, ...

Alter: ab 6 Jahren

Material: 1 Softball

Organisationsform: Klein- und Großgruppe

Zeitaufwand: 3–5 Minuten

Spielort: Stuhlkreis

Schwerpunkt: Auditive Wahrnehmung, Konzentration, Geduld, Reaktion, Augen-Hand-Koordination, Merkfähigkeit und Gruppenfindung

Spielverlauf:

Die Kinder stehen vor ihren Stühlen im Innenkreis. Eines der Kinder holt sich einen Softball und ruft laut „Eins!". Es merkt sich die Zahl, wirft den Ball einem beliebigen Kind zu und setzt sich dann auf seinen Stuhl. Das betreffende Kind ruft „Zwei!", wirft einem weiteren Kind, das vor seinem Stuhl steht, den Ball zu und setzt sich ebenfalls in den Stuhlkreis. Während nun das dritte Kind entweder „Eins!" oder, falls mehr als zwei Gruppen gebildet werden sollen, „Drei!" ruft, sucht es sich ein vor seinem Stuhl stehendes Kind aus, dem es nun den Ball zuwirft.
Das Ballspiel geht so immer weiter, bis alle Kinder an der Reihe gewesen sind. Die Spielleitung bittet dann alle Kinder, die sich die Zahl 1 merken sollten, aufzustehen und sich außerhalb vom Stuhlkreis zusammenzufinden. Danach sind die Kinder mit der Zahl 2 an der Reihe, die es der ersten Gruppe gleichtun. Sollen noch weitere Gruppen gebildet werden, ruft die Spielleitung die nächste Zahl auf. Das Spiel ist aus, sobald alle Kinder den Stuhlkreis verlassen und sich in ihrem Team eingefunden haben.

Variante:

Die Spielleitung wirft einem beliebigen Kind den Ball zu und ruft „Eins!". Das betreffende Kind wirft den Ball zurück und kniet sich vor seinen Stuhl hin. Danach wirft sie den Ball einem weiteren Kind zu und ruft laut Zahl 2. Das Kind wirft den Ball zurück und setzt sich im Schneidersitz auf seinen Stuhl. Danach wirft die Spielleitung einem weiteren Kind, das noch nicht an der Reihe gewesen ist, den Ball zu. Dabei kann sie, falls zwei Gruppen gebraucht werden, die Zahl 1 oder, falls mehr als zwei Gruppen gebildet werden sollen, die Zahl 3 benennen. Das betreffende Kind wirft den Ball zurück und kniet sich im ersten Fall vor seinen Stuhl hin

Ein Ballspiel mit Zahlen, das nicht nur die Augen-Hand-Koordination, sondern auch kognitive Fähigkeiten fördert und bei dem nicht zuletzt nach dem Zufallsprinzip verschiedene Gruppen gebildet werden, die dann als Team zusammenarbeiten dürfen.

oder darf, im letzten Fall auf Anweisung der Spielleitung, sich z. B. hinter seinen Stuhl stellen. Indem sich die Kinder auf eine bestimmte Weise positionieren, wird ihnen schnell bewusst, wer noch zu ihrer Gruppe gehört.

Ich hole Dich in meine Gruppe

Alter: ab 6 Jahren

Material: evtl. 4 Markierungskegel

Organisationsform: Klein- oder Großgruppe

Zeitaufwand: 5–10 Minuten

Spielort: Turnhalle, Raum oder Außengelände

Schwerpunkt: Visuelle Wahrnehmung, Reaktion, Schnelligkeit und Gruppenfindung

Spielverlauf:
Je nachdem, wie viele Gruppen gebildet werden sollen, wählt die Spielleitung die entsprechende Anzahl an Kindern aus. Alle übrigen Kinder verteilen sich auf einem überschaubaren Spielfeld, das die Spielleitung mit vier Markierungskegeln kennzeichnen kann.
Auf los geht's los! Die Kinder, die die Spielleitung soeben ausgewählt hat, laufen der Reihe nach los, um jeweils ein Kind zu fangen. Dasjenige Kind, das sie gefangen haben, gehört dann zu ihrer Gruppe. Die betreffenden Kinder bleiben fortan auf dem Boden sitzen.
Danach fängt die zweite Spielrunde an, bei der sie wieder loslaufen, um jeweils ein weiteres Kind zu fangen, das dann ebenfalls zu ihrer Gruppe gehört.
Das Spiel wird so lange wiederholt, bis mehrere gleich große Gruppen gebildet wurden.

Variante:
Konnten die ausgewählten Kinder jeweils ein Kind fangen, dürfen die betreffenden Kinder in der nächsten Spielrunde „Auf die Jagd gehen" und sich danach zu demjenigen Kind gesellen, das sie zuvor gefangen hat.
Auf diese Weise wird das Spiel immer weitergeführt, bis sich alle Kinder in irgendeiner Gruppe befinden, die jeweils die gleiche Anzahl an Kindern hat.

Ein tolles Fangspiel, das nicht nur zur Gruppenfindung, sondern auch einfach nur für eine Bewegungspause verwendet werden kann. Unabhängig davon, bringt es den Kindern jede Menge Spielspaß.

Ich vertraue Dir! Du vertraust mir!

Teambuilding-Spiele, um Vertrauen innerhalb des Teams aufzubauen

Immer wenn sich Kinder gegenseitig vertrauen und aufeinander einlassen können, wirkt sich das äußerst positiv auf das Gruppenklima, die Motivation und das Arbeitsverhalten aus. Auf diese Weise haben Kinder besonders viel Freude an Projekten, Mannschaftsspielen und anderen gemeinsamen Aktionen. Vertrauen wird jedoch nicht von heute auf morgen aufgebaut, sondern braucht vor allem viel Zeit, um miteinander warm zu werden, sich gegenseitig besser kennenlernen und wertschätzen zu können. Vertrauen fordern und fördern ist das Grundprinzip von Vertrauensspielen, die zum größten Teil zu zweit durchgeführt und mit einem kurzen Erfahrungsaustausch beendet werden können. Die Auswahl an Vertrauensspielen hängt jedoch vom Selbstvertrauen und den Fähigkeiten der einzelnen Kinder ab. So können Kinder, die z. B. in ihrer Motorik auf irgendeine Art eingeschränkt sind, bestimmte Dinge aus Angst zu versagen ablehnen. Ein typisches Beispiel hierfür sind sicherlich Vertrauensspiele, bei denen ein Kind mit geschlossenen Augen einem anderen Kind vertrauen und dabei vielleicht auch noch verschiedene Hindernisse überwinden soll. In diesem Fall sollte es Ausnahmeregelungen geben, indem das betreffende Kind z. B. mit geöffneten Augen von Anfang an mitmachen oder einfach nach Bedarf seine Augen öffnen darf.

In diesem Kapitel werden nun verschiedene Vertrauensspielen vorgeschlagen, die einerseits der Spielleitung den aktuellen Stand in der Gruppe in punkto Vertrauen verdeutlichen und andererseits den Kindern viel Gelegenheit geben, um das gegenseitiges Vertrauen aufzubauen oder, falls die Kinder einander nicht mehr fremd sind, zu stärken. Das dabei entstandene Vertrauensverhältnis ist Gold wert. Es ist das Fundament einer guten Zusammenarbeit im Team, das nichts so schnell aus der Bahn werfen kann.

„Die größte Ehre, die man einem Menschen antun kann, ist die, dass man zu ihm Vertrauen hat.“

Matthias Claudius (1740–1815), deutscher Dichter und Journalist

Zusammenwachen

Alter: ab 5 Jahren

Material: 1 Klangschale; evtl. 4 Markierungskegel

Organisationsform: Klein- oder Großgruppe

Zeitaufwand: 5 Minuten

Spielort: Turnhalle, Raum oder Außengelände

Schwerpunkt: Auditive und visuelle Wahrnehmung, Selbstvertrauen und Gruppe vertrauen

Spielverlauf:

Die Kinder gehen möglichst leise auf einem überschaubaren Spielfeld herum, das die Spielleitung mit vier Markierungskegeln kennzeichnen kann.

Sobald sie jedoch die Klangschale erklingen lässt, gehen stets zwei Kinder aufeinander zu, um sich gegenseitig an die Hand zu nehmen. Die Paare gehen so lange Hand in Hand kreuz und quer auf dem Spielfeld herum, bis die Spielleitung wieder die Klangschale anschlägt. Die einzelnen Paare gehen aufeinander zu, um nun jeweils zu viert Hand in Hand so lange auf dem Spielfeld herumzugehen, bis abermals die Klangschale zu hören ist.

Auf diese Weise geht es immer weiter, bis sich alle Kinder gegenseitig an den Händen halten und einen geschlossenen Kreis bilden und sich gegenseitig vertrauensvoll umarmen können. Miteinander dürfen sie so nun mit Handfassung so lange im Uhrzeigersinn herumgehen, bis die Spielleitung die Klangschale erklingen lässt.

Variante:

Die Kinder gehen auf dem übersichtlichen Spielfeld herum. Sobald jedoch die Klangschale erklingt, bleiben alle Kinder stehen. Die Spielleitung ruft eines der Kinder auf, das ein anderes Kind zu sich herholen darf. Während nun die beiden Kinder Hand in Hand auf dem Spielfeld gemütlich hin und her gehen, sind alle übrigen Kinder zunächst alleine. Das geht wieder so lange, bis die Klangschale erklingt. Dasjenige Kind, das in der vorherigen Spielrunde benannt wurde, darf ein anderes Kind auswählen, dem es jetzt die Hand reicht.

Auf diese Weise geht es immer weiter, bis alle Kinder Hand in Hand beisammenstehen. Danach verläuft alles so wie im vorherigen Spiel beschrieben.

Die Gruppe kommt in diesem Spiel nach und nach zusammen und tritt am Ende als ein starkes geschlossenes Team auf.

Über die Brücke gehen

Alter: ab 5 Jahren

Material: für jedes Paar 1 Augenbinde und 1 Springseil; 1 Turnbank, 1 Klangschale; evtl. für jede Dreiergruppe 2 Augenbinden und 1 Springseil

Organisationsform: Paarbildung

Zeitaufwand: 5 Minuten

Spielort: Turnhalle

Schwerpunkt: Visuelle und taktile Wahrnehmung, Konzentration, Ausdauer, Kommunikation, Motorik, Selbstvertrauen und Partner vertrauen

Spielablauf:
Die Kinder bilden Paare. Jedes Paar erhält von der Spielleitung eine Augenbinde und ein Springseil. Eines von beiden lässt sich dann von ihr die Augen verbinden. Die Spielleitung erzählt den Kindern, dass sie sich in einem dicht bewachsenen Dschungel befinden. Eine Brücke, die sehr schmal ist, führt sie über eine Schlucht auf die andere Seite. Sie können jedoch nur hintereinander hergehen. Dadurch, dass eines von ihnen „blind" ist, darf es das andere mithilfe eines Seils über die Brücke führen.
Das erste Kind überlegt sich nun, wie es das zweite „blinde" Kind mithilfe des Seils über die Brücke bzw. auf einer Turnbank führen kann. Es kann z. B. das zweite Kind hinter sich herziehen oder so wie ein Kutschpferd vor sich hergehen lassen, indem es das Seil um dessen Hüften legt und die beiden Seilenden direkt hinter dem Kind festhält.

Variante:
Die Kinder gehen zu dritt zusammen. Jede Kleingruppe erhält zwei Augenbinden und ein Springseil. Während nun zwei Kinder sich die Augen von der Spielleitung verbinden lassen, überlegt sich das dritte Kind, wie es die beiden Kinder mithilfe des Springseils auf der Bank von einem bis zum anderen Ende führen kann. Dabei erzählt die Spielleitung den Kindern wieder eine dazu passende Dschungelgeschichte.

Spiele zum Thema „Führen und Folgen" erfordern unglaublich viel Vertrauen, stärken das Selbstvertrauen und Zusammengehörigkeitsgefühl. Werden diese in eine kleine Geschichte eingebettet, machen sie gleich doppelt so viel Spaß.

Vertrauen klingt gut

Alter: ab 5 Jahren

Material: 1 Klangschale

Organisationsform: Kleingruppe

Zeitaufwand: 1–3 Minuten

Spielort: Raum

Schwerpunkt: Auditive und taktile Wahrnehmung, Konzentration, Selbstvertrauen und Gruppe vertrauen

Spielverlauf:

Alle Kinder bis auf eines stehen mit dem Rücken direkt vor einer Wand. Letzteres holt sich eine Klangschale und stellt sich vor die Gruppe hin.

Das Kind schlägt nun mehrmals leise die Klangschale an und geht dabei langsam rückwärts im Raum herum. Die Kinder schließen ihre Augen, strecken ihre Arme nach vorne aus und folgen so dem Kind mit der Klangschale. Konnte eines von den Kindern das Kind mit der Klangschale berühren, öffnen alle ihre Augen.

Eine neue Spielrunde beginnt, bei der das betreffende Kind die Klangschale erhält und sich vor die Gruppe, die wieder mit dem Rücken vor einer Wand steht, platziert.

Nach ein paar Durchgängen ist das Vertrauensspiel jedoch beendet.

Variante:

Alle Kinder mit Ausnahme von einem bilden einen großzügigen Kreis. Dieses Kind erhält von der Spielleitung eine Klangschale und stellt sich in die Kreismitte. Während nun alle Kinder ihre Augen schließen, schlägt das Kind einmal kräftig die Klangschale an. Die Kinder gehen so lange in Richtung Klangquelle, bis der Klang nicht mehr zu hören ist. Sie öffnen ihre Augen und sind gespannt, wer von ihnen in der Nähe von dem Kind mit der Klangschale steht oder dieses vielleicht berühren oder sogar umarmen kann.

Auch dieses Klangspiel eignet sich sehr gut, um einander blind zu vertrauen und sich aufeinander zu verlassen.

Ich vertraue auf euch

Alter: ab 5 Jahren

Material: 1 Sprungkasten (L × B × H: 70 × 50 × 40 cm) o. Ä.

Organisationsform: Kleingruppe

Zeitaufwand: 3–5 Minuten

Spielort: Turnhalle oder Raum

Schwerpunkt: Kommunikation, Konzertration, Geduld, Ausdauer, Motorik, Selbstvertrauen und Gruppe vertrauen

Spielverlauf:
Die Spielleitung stellt den Kindern einen Sprungkasten zur Verfügung. Die Aufgabe der Gruppe, die als Team zusammenarbeiten soll, besteht darin, dass sich alle auf dem Sprungkasten auf irgendeine Weise platzieren.
Eines der Kinder beginnt und begibt sich auf den Sprungkasten. Es ruft ein weiteres herbei, dem es die Hand reichen kann. Das betreffende Kind sucht sich ebenfalls einen Platz auf dem Sprungkasten aus, indem es sich z. B. auf den Sprungkasten hinkniet oder einfach im Schneidersitz hinsetzt.
So geht's der Reihe nach immer weiter.
Das Spiel ist aus, sobald alle Kinder sich auf dem Sprungkasten befinden.

Variante:
Alle Kinder sollen sich nacheinander auf eine ganz bestimmte Weise positionieren. Auf Anweisung der Spielleitung hin können sie sich z. B. alle auf den Sprungkasten stellen oder einfach hinknien.

Auf engstem Raum miteinander arbeiten, sich gegenseitig vertrauen und aufeinander Rücksicht nehmen, das können die Kinder mithilfe dieses Spiels ohne viel Zutun gemeinsam lernen.

An die Hand nehmen

Alter: ab 6 Jahren

Material: –

Organisationsform: Kleingruppe

Zeitaufwand: 3–5 Minuten

Spielort: Raum, Turnhalle oder Außengelände

Schwerpunkt: Taktile Wahrnehmung, Geduld, Motorik, Selbstvertrauen und Gruppe vertrauen

Spielverlauf:
Alle Kinder mit Ausnahme von einem bilden einen Kreis. Dieses Kind begibt sich in die Kreismitte.
Während nun alle Kinder ihre Augen schließen, geht das Kind auf irgendein anderes Kind zu, um es an die Hand zu nehmen. Das Kind geht dem ersten Kind hinterher und zwar, ohne dabei die Augen zu öffnen. Sie bleiben dann stehen, um einem weiteren Kind die Hand zu reichen. Dann darf das zweite Kind kurz seine Augen öffnen.
Die Kinder gehen nun zu dritt Hand in Hand im Innenkreis herum. Dabei haben alle Kinder bis auf das erste in der Schlange ihre Augen geschlossen.
Auf diese Weise geht es immer weiter, bis alle Kinder Hand in Hand im Innenkreis herumgehen.

Variante:
Dasjenige Kind, das in der Kreismitte steht, geht mit geschlossenen Augen auf irgendein Kind zu, das sich auf der Kreisbahn befindet. Es greift nach der ausgestreckten Hand des Kindes. Das betreffende Kind stellt sich vor das Kind und geht blind mit diesem Hand in Hand auf ein weiteres Kind auf der Kreisbahn zu, das ihm ebenfalls die Hand entgegenstreckt. Dabei darf dasjenige Kind, welches das Spiel angefangen hat, seine Augen öffnen.
So geht es immer weiter, bis alle Kinder einem Kind, das die Augen geschlossen hat, hintereinander hergehen.

Ein Spiel, bei dem die Kinder blind einem bestimmten Kind vertrauen, das wiederum eine besonders hohe Verantwortung gegenüber dem Team hat.

Hände geben und vertrauen

Alter: ab 6 Jahren

Material: 1 Klangschale

Organisationsform: Kleingruppe

Zeitaufwand: 3–5 Minuten

Spielort: Raum, Turnhalle oder Außengelände

Schwerpunkt: Auditive und taktile Wahrnehmung, Konzentration, Geduld, Selbstvertrauen und Partner vertrauen

Spielverlauf:
Die Kinder bilden einen engen Kreis, merken sich ihr linkes und rechtes Nachbarkind.
Während nun die Spielleitung zwei Kinder, die auf der Kreisbahn beisammenstehen, benennt und schließlich die Klangschale erklingen lässt, geben sich beide Kinder die Hände, schließen ihre Augen und tauschen miteinander ihre Plätze.
Stehen beide wieder auf ihrem Ausgangsplatz, öffnen sie wieder ihre Augen.
Danach benennt die Spielleitung zwei andere Kinder, die nebeneinander auf der Kreisbahn stehen und genauso wie die vorherigen beiden Kinder ihre Plätze blind miteinander tauschen.
Erst wenn alle Kinder mit geschlossenen Augen einmal ihre Plätze mit jeweils einem Partnerkind wechseln konnten, ist das Spiel beendet.

Variante:
Immer zwei Kinder sitzen nebeneinander an einem Tisch und schließen ihre Augen. Erklingt die Klangschale fassen sich beide Kinder an den Händen und stehen auf. Sie tauschen miteinander ihre Plätze und setzen sich auf den Stuhl ihres Partnerkindes. Danach öffnen alle Paare wieder ihre Augen.

Bei dieser Partnerübung geht es darum, dem anderen beide Hände zu reichen und ihm dabei im wahrsten Sinne des Wortes „blind“ zu vertrauen.

Vertrauen und losgehen

Alter: ab 6 Jahren

Material: für jedes Kind 1 Teppichfliese

Organisationsform: Klein- oder Großgruppe

Zeitaufwand: 5–10 Minuten

Spielort: Turnhalle oder Raum

Schwerpunkt: Visuelle Wahrnehmung, Kommunikation, Motorik, Geduld, Ausdauer, Selbstvertrauen und Gruppe vertrauen

Vorbereitung:
Die Gruppe legt die Teppichfliese so auf den Boden, dass ein großes Quadrat entsteht.

Spielverlauf:
Die Kinder stellen sich um das gelegte Quadrat herum und begeben sich nacheinander auf jeweils eine Fliese und zwar so, dass jedes Kind möglichst ungehindert eine freie Teppichfliese finden kann. Dabei kann es vorkommen, dass die Kinder aneinander vorbeikommen müssen, um eine freie Teppichfliese zu erreichen. Um den jeweiligen Zielort zu erreichen, müssen die Kinder miteinander in Kontakt treten und sich aufeinander einlassen können.
Erst wenn alle Kinder auf jeweils einer freien Teppichfliese stehen, ist das Spiel beendet.

Variante:
Alle Kinder suchen sich einen freie Teppichfliese aus, die, so wie im vorherigen Spiel beschrieben, auf dem Boden angeordnet sind. Eines der Kinder, das die Spielleitung namentlich aufruft, soll dann außerhalb des Quadrates gelangen, indem es von einer zu anderen Teppichfliese, auf der sich noch ein Kind befinden kann, geht.
Das Spiel ist aus, sobald alle Kinder wieder außerhalb des Quadrates stehen.

Ein Spiel, bei dem die Kinder sich auf engstem Raum begegnen, wahrnehmen und aufeinander einlassen sollen. Auf diese Weise lernen sie eng und vertrauensvoll miteinander zusammenzuarbeiten.

Vertrauen schenken

Alter: ab 6 Jahren

Material: 1 Handtrommel; evtl. 4 Markierungskegel, Schulranzen o. Ä.

Organisationsform: Klein- oder Großgruppe

Zeitaufwand: 3–5 Minuten

Spielort: Raum, Turnhalle oder Außengelände

Schwerpunkt: Visuelle und taktile Wahrnehmung, Rhythmusgefühl, Kommunikation, Geduld, Ausdauer, Selbstvertrauen und Vertrauen zum Partner

Spielverlauf:
Die Spielleitung kann mithilfe von vier Markierungskegeln ein Spielfeld bestimmen, auf dem sich die Hälfte der Gruppe zum langsamen Rhythmus des Trommelspiels, das durch sie erfolgt, bewegt. Alle übrigen Kinder suchen sich einen Platz auf dem Spielfeld aus und schließen ihre Augen.
Stoppt das Trommelspiel, sucht sich jedes Kind eines von den sitzenden Kinder aus, das es sanft umarmt. Die betreffenden Kinder öffnen ihre Augen und sind gespannt, wer von den übrigen Kindern ihnen gerade sein Vertrauen schenkt und sie somit umarmt.
Danach findet ein Rollenwechsel statt.

Variante:
Im Gegensatz zu dem vorherigen Spiel gehen alle Kinder zum langsamen Trommelspiel, das durch die Spielleitung erfolgt, auf dem Spielfeld herum. Sobald jedoch das Trommelspiel stoppt, schließen alle ihre Augen und machen sich auf die Suche nach jeweils einem Partnerkind, das sie sanft umarmen. Sie öffnen ihre Augen und lassen sich überraschen, wer sie gerade in die Arme geschlossen hat.

Bei diesem Spiel lernen die Kinder, dass es immer eine Person gibt, die ihnen Vertrauen schenkt und sie wertschätzt. Das wiederum steigert das Selbstbewusstsein und Zugehörigkeitsgefühl.

Schwebender Tisch

Alter: ab 7 Jahren

Material: 1 Zauberstab o. Ä., 1 Klangschale

Organisationsform: Kleingruppe

Zeitaufwand: 5–10 Minuten

Spielort: Tisch, evtl. 1 Stuhl

Schwerpunkt: Visuelle und taktile Wahrnehmung, Gleichgewichtssinn, Ausdauer, Selbstvertrauen und Gruppe vertrauen

Spielverlauf:
Ein beliebiges Kind legt sich mit dem Rücken auf einen Tisch hin. Dabei sind die Arme leicht angewinkelt. Die Handflächen zeigen nach oben oder unten und die Beine sind leicht gespreizt. Die übrigen Kinder stellen sich um den Tisch mit dem darauf liegenden Kind herum. Während nun die Spielleitung einen Zauberstab hin und her schwenkt, sagt sie Folgendes:

„Abrakadabra Simsalabim! Der Tisch soll schweben.
Wir schaffen das, ohne miteinander zu reden!"

Daraufhin hebt die Gruppe den Tisch vorsichtig so an, dass das Kind möglichst waagrecht auf dem Tisch liegenbleibt. Das geht so lange, bis die Spielleitung aufhört den Zauberstab zu schwenken und die Klangschale erklingen lässt. Die Gruppe setzt den Tisch vorsichtig wieder auf den Boden ab, sodass das Kind auf dem Tisch wieder aufstehen kann.
Danach ist ein anderes Kind an der Reihe, das sich mit dem Rücken auf den Tisch legen darf.
Erst wenn alle Kinder sich einmal auf den Tisch legen und von der Gruppe samt Tisch in die Luft gehoben worden sind, ist das Spiel aus.

Variante:
Eines der Kinder setzt sich auf einen Stuhl. Alle übrigen Kinder stellen sich um den Stuhl herum.
Erklingt die Klangschale heben die Kinder den Stuhl mit dem Kind in die Luft und gehen dabei so lange im Uhrzeigersinn herum, bis der Klang verklungen ist. Sie

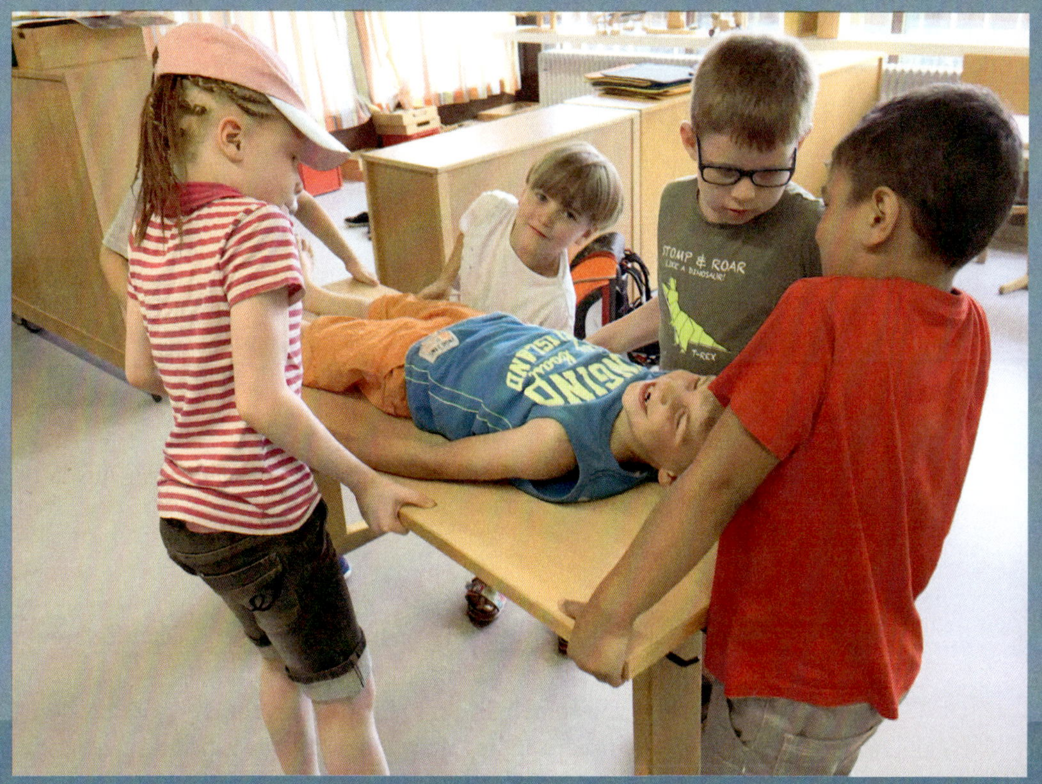

Bei diesem Spiel lernen die einzelnen Kinder der Gruppe, gerade auch in außergewöhnlichen Situationen zu vertrauen und sich auf diese zu verlassen.

setzen dann das Kind auf dem Stuhl wieder auf den Boden ab, das schließlich den Platz mit einem anderen Kind wechselt.
Danach beginnt eine neue Spielrunde.
Das Spiel ist aus, sobald alle Kinder an der Reihe gewesen sind.

Vom „Ich“ zum „Wir“

Alter: ab 7 Jahren

Material: –

Organisationsform: Klein- oder Großgruppe

Zeitaufwand: 5 Minuten

Spielort: Stuhlkreis

Schwerpunkt: Visuelle Wahrnehmung, Kommunikation, Geduld, Motorik, Selbstvertrauen und Gruppe vertrauen

Spielverlauf:

Die Gruppe steht auf den Stühlen zusammen im Kreis. In der Kreismitte breitet die Spielleitung eine Decke aus.

Eines der Kinder springt von seinem Stuhl in Richtung Innenkreis auf die Decke und ruft laut „Ich!“. Es setzt sich auf die Decke hin und ruft dann laut „Du!“. Dabei deutet es auf ein Kind, das auf seinem Stuhl steht. Das betreffende Kind springt ebenfalls von seinem Stuhl in Richtung Innenkreis auf die Decke und ruft dabei laut „Ich!“. Es setzt sich auf die Decke und bittet auf die gleiche Weise ein anderes Kind, das auf seinem Stuhl steht, herbei.

Es geht so immer weiter, bis die ganze Gruppe auf der Decke eng beisammensitzt. Am Schluss ruft die Gruppe ganz laut:

„Wir sind ein Team und vertrauen uns gegenseitig!“

Variante:

Immer zwei Kinder stehen Hand in Hand auf ihren Stühlen. Die Spielleitung benennt ein Paar, das dann Hand in Hand von seinen Stühlen auf die Decke im Innenkreis springen und laut „Wir!“ rufen darf. Die beiden Kinder setzen sich dann auf die Decke. Die Spielleitung ruft „Ihr“ und deutet dabei auf ein neues Paar, das sich auf die gleiche Weise zum ersten Paar auf die Decke gesellen darf.

Es geht so immer weiter, bis alle Paare sich auf der Decke eingefunden haben.

Den Sprung wagen und sich vertrauensvoll in die Hände der anderen begeben, das können die Kinder mithilfe des Spiels ohne viel Aufwand üben.

Keiner von uns muss alles können

Teambuilding-Spiele zur Förderung der Selbstwahrnehmung und Fremdwahrnehmung und zum Einschätzen der eigenen Grenzen

Kinder brauchen Erwachsene, die ihnen etwas zutrauen und an ihre Fähigkeiten glauben. Es ist jedoch wichtig, dass sie wissen, dass sie nicht perfekt sein müssen, denn kein Mensch muss alles können, um eine Aufgabe zu bewältigen und ein bestimmtes Ziel zu erreichen. Es ist durchaus legitim, sich Hilfe zu holen oder andere Personen einfach nur nach ihrem Rat zu fragen. Dabei kann es durchaus vorkommen, dass auch diese Personen nicht auf Anhieb weiterkommen und an ihre Grenzen stoßen. Manchmal kann es jedoch gut sein, bestimmte Aufgaben einfach abzugeben, um sich anderen relevanten Dingen zu widmen, die einfach mehr Freude bereiten und einem besonders leicht von der Hand gehen. An dieser Stelle kommt die Teamarbeit ins Spiel, die u. a. durch gegenseitige Unterstützung und Wertschätzung geprägt ist. Indem alle von Anfang an ihre Stärken für die gemeinsame Sache einbringen, können natürlich auch Schwächen von den einzelnen Teammitgliedern viel leichter ausgeglichen werden, sodass die Kinder im Team viel besser vorankommen und so wesentlich schneller und erfolgreicher ein bestimmtes Ziel erreichen.
Im Folgenden wird nun gezeigt, wie Kinder spielerisch mit ihren Schwächen souverän umgehen können. Sie lernen, sich in bestimmten Situationen von anderen Teammitgliedern helfen zu lassen und diesen Umstand nicht als Manko zu betrachten. Spielerisch wird ihnen bewusst gemacht, das Schwächen im Leben einfach dazugehören und in einem starken Team eher eine ungeordnete Rolle spielen. Darüber hinaus üben sie, wie sie durch ihre eigenen Stärken eine wertvolle Hilfe und Unterstützung für andere und somit ein wichtiger Bestandteil im Team sein können. Das wiederum macht sie stolz und selbstbewusst, sodass sie sich gerne verschiedenen Aufgaben und Herausforderungen nicht nur, aber auch im Team stellen.

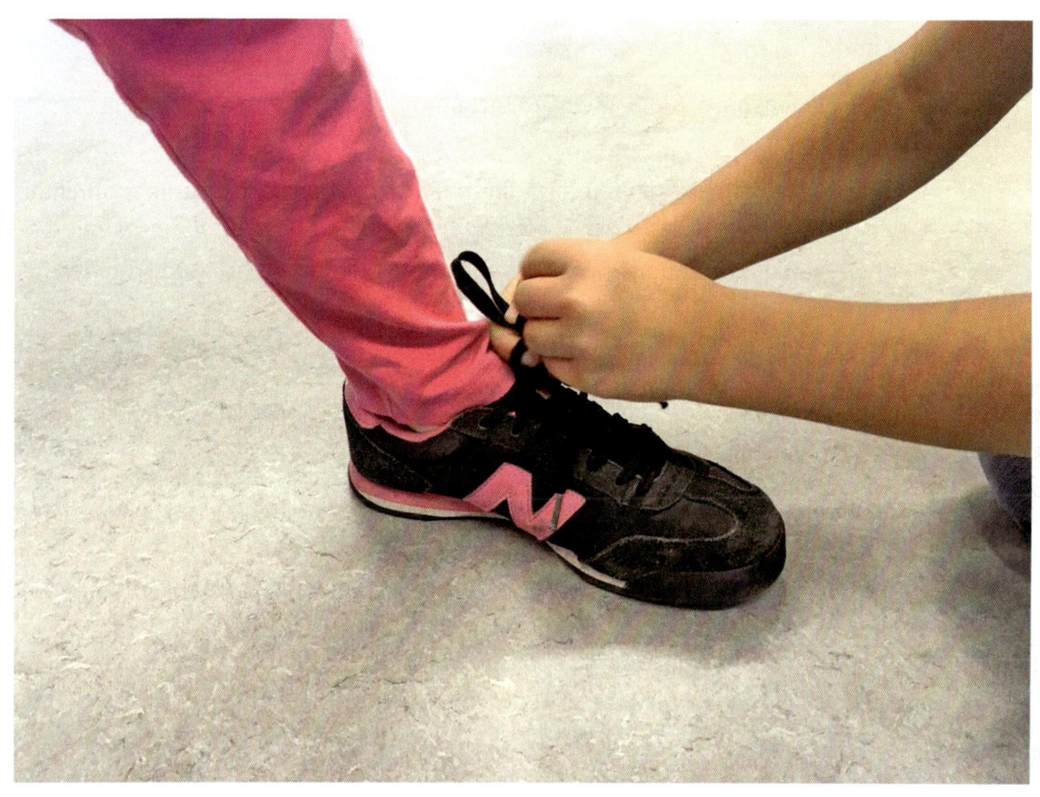

„Man kann nicht alles wissen,
muss sich aber in allem zu helfen wissen.“

Henriette Wilhelmine Hanke (1785–1862),
deutsche Schriftstellerin der Spätromantik

Ich kann (nicht)

Alter: ab 5 Jahren

Material: 1 Bleistift, für jedes Kind 1 Pappteller, 1 hellbrauner Wachsmalstift, 2 Pfeifenputzer, weiße und braune Papierreste; 1 weiße Wolle, ein paar Klebestifte und Scheren, 1 Hefter, Heftklammern

Organisationsform: Klein- oder Großgruppe

Zeitaufwand: 5–10 Minuten

Spielort: Stuhlkreis

Schwerpunkt: Kommunikation, Konzentration, Motorik, Selbst- und Fremdwahrnehmung

Vorbereitung / Hasenmaske basteln:

- Den Pappteller hellbraun ausmalen,
- Augen und Mund auf dem Pappteller aufzeichnen und ausschneiden,
- zwei Ohren mithilfe der Pfeifenputzer formen und auf der Rückseite des oberen Tellerrands links und rechts antackern,
- große Hasenzähne auf dem weißen Papier zeichnen und ausschneiden,
- Hasenzähne direkt unter den Mund kleben,
- eine runde Stupsnase auf dem braunen Papier zeichnen und ausschneiden,
- Stupsnase auf die Mitte des Papptellers kleben,
- jeweils vier bis sechs weiße ca. 15 cm lange Tasthaare bzw. Wollfäden vom Knäuel abschneiden. Diese links und rechts neben der Stupsnase auf den Pappteller kleben.

Spielverlauf:

Die Kinder holen ihre Hasenmaske und setzen sich in den Stuhlkreis. Eines der Kinder berichtet, dass es z. B. gut Inliner fahren kann. Dabei tut es so, als ob es tatsächlich im Innenkreis Inliner fahren würde. Diejenigen Kinder, die sich das auch zutrauen, machen sofort mit. Alle übrigen Kinder bleiben auf ihrem Stuhl sitzen und halten ihre Hasenmasken direkt vor ihr Gesicht, um so ihre Bedenken und Ängste zum Ausdruck zu bringen.

Sobald jedoch alle Kinder wieder im Stuhlkreis zusammensitzen, überlegen sie, wie sie den betreffenden Kindern helfen können. Sie können z. B. neben den betreffenden Kindern hergehen während sie „Inliner fahren“ und sie dabei an der

Hasen sind ängstlich und wenig zutraulich. Eine Hasenmaske kann dazu dienen, mögliche Ängste und Bedenken ohne Worte zu verdeutlichen, sodass den betreffenden Kindern geholfen werden kann.

Hand halten. Sie können aber auch direkt vor ihnen hergehen, damit sie sie gegebenenfalls auffangen können. Darüber hinaus können die betreffenden Kinder auch einfach auf die Inliner verzichten und ein anderes Fortbewegungsmittel, wie z. B. Rollbretter und Tretroller verwenden.
Unabhängig davon kommt dann ein anderes Kind an der Reihe, das z. B. im Innenkreis so tut, als ob es eine Kletterwand hinaufklettern oder gar Klavier spielen würde.
Erst wenn alle Kinder ihre Stärken darstellen und denjenigen Kindern, die unsicher sind, helfen konnten, ist das Spiel beendet.

Variante:
Es kommen nun die Stühle zum Einsatz. Ein Kind stellt sich auf seinen Stuhl und springt z. B. mit einer halben Drehung in Richtung Kreismitte. Diejenigen Kinder, die es sich ebenfalls zutrauen, machen alles sofort nach. Die übrigen Kinder bleiben stehen und halten die Hasenmasken direkt vor ihr Gesicht.
Bei denjenigen Kindern, die ihre Hasenmasken verwendet haben, überlegen sich die übrigen Kinder eine einfachere Variante, indem sie z. B. lediglich von ihrem Stuhl springen.
In der nächsten Spielrunde führt eines der Kinder den anderen vor, wie es z. B. seinen Stuhl mit beiden Händen hochhebt. Wer schafft das auch oder braucht vielleicht Hilfe?

Bist du ein Kletterfreund?

Alter: ab 5 Jahren

Material: 2 Sprossenwände und 2–4 Matten, 1 Stoppuhr oder Uhr mit Sekundenzeiger

Organisationsform: Kleingruppe

Zeitaufwand: 5–10 Minuten

Spielort: Turnhalle

Schwerpunkt: Kommunikation, Motorik, Konzentration, Kampfgeist, Siegeswille Selbst- und Fremdwahrnehmung

Vorbereitung:

Die Spielleitung legt vor den beiden direkt nebeneinander stehenden Sprossenwänden ein bis zwei Matten auf den Boden.

Spielverlauf:

Die Gruppe stellt sich hintereinander vor einer der beiden Sprossenwände auf.
Die Aufgabe der Gruppe besteht darin, dass die Kinder der Reihe nach die Sprossenwand in einer vorgegebenen Zeit, die sich nach der Anzahl an Kindern richtet, hoch- und wieder herunterklettern. Sollte jedoch eines von den Kindern nicht alle Sprossen erklimmen können, darf ein anderes die Aufgabe auf der zweiten Sprossenwand für das betreffende Kind erfüllen. Währenddessen bleibt das Kind einfach auf seiner Sprosse stehen.
Erst wenn alle Kinder in der vorgegebenen Zeit an der Reihe gewesen und dabei jedes Kind entweder alleine oder durch den Einsatz eines anderen die Aufgabe erfüllen konnten, hat die Gruppe die Aufgabe mit Bravour bestanden.

Variante:

Das erste Kind in der Reihe darf die erste Sprosse hoch- und dann wieder herunterklettern. Das zweite Kind in der Reihe darf die beiden ersten Sprossen hoch- und herunterklettern usw. Auf diese Weise kommt immer eine weitere Sprosse hinzu.
Sollte jedoch eines der Kinder die Aufgabe nicht meistern können, darf ein anderes für das Kind auf der zweiten Sprossenwand einspringen und von dort aus die Aufgabe erfüllen.

Bei diesem Spiel lernen die Kinder, dass es immer eine Person gibt, die für sie da ist und ihnen somit auch weiterhelfen kann. Es ist jedoch wichtig, dass sie nicht gleich auf die Hilfe anderer zurückgreifen, sondern es erst einmal selbst versuchen, die gestellte Aufgabe zu meistern.

Hinweis:
Sollte jedoch eine größere Anzahl an Kindern als Sprossen vorhanden sein, fängt das Spiel so lange von vorne an, bis alle Kinder an der Reihe gewesen sind.

Eine schwere Last

Alter: ab 5 Jahren

Material: 1 Turnmatte o. Ä.; evtl. 1 Stuhl

Organisationsform: Klein- oder Großgruppe

Zeitaufwand: 3–5 Minuten

Spielort: Turnhalle

Schwerpunkt: Vestibuläre Wahrnehmung, Konzentration, Motorik, Koordination, Kampfgeist, Selbst- und Fremdwahrnehmung

Spielverlauf:

Eines der Kinder darf sich mit dem Rücken auf eine Matte legen.

Die Spielleitung bittet dann zwei weitere Kinder, das Kind auf der Matte in die Luft zu heben. Die beiden Kinder stellen sich einander gegenüber und zwar so, dass sich die Matte mit dem liegenden Kind zwischen ihnen befindet. Bei dem Versuch die Aufgabe zu erfüllen, werden sie jedoch schnell an ihre Grenzen kommen. Die beiden Kinder dürfen jeweils ein weiteres Kind zu sich herbitten. Sollten jedoch die Vier auch nicht weiterkommen, darf die Vierergruppe zwei weitere Kinder zu sich herholen.

Auf diese Weise geht es so lange weiter, bis das Kind auf der Matte von der Gruppe, die als Team zusammenarbeitet, hochgehoben werden kann.

Am Ende macht die Spielleitung den Kindern bewusst, dass derartige Aufgaben niemals alleine, sondern nur mit vereinten Kräften bewältigt werden können.

Variante:

Eines der Kinder darf sich auf einen Stuhl setzen. Ein anderes Kind versucht, das Kind auf seinem Stuhl hochzuheben. Das ist jedoch alleine kaum machbar. Das Kind ruft ein anderes Kind herbei, sodass sie zu zweit versuchen, die Aufgabe zu bewältigen. Sollte jedoch das Vorhaben scheitern, dürfen die beiden Kinder ein weiteres Kind zu sich bitten.

Das geht so immer weiter, bis das Kind auf seinem Stuhl in die Luft gehoben werden kann.

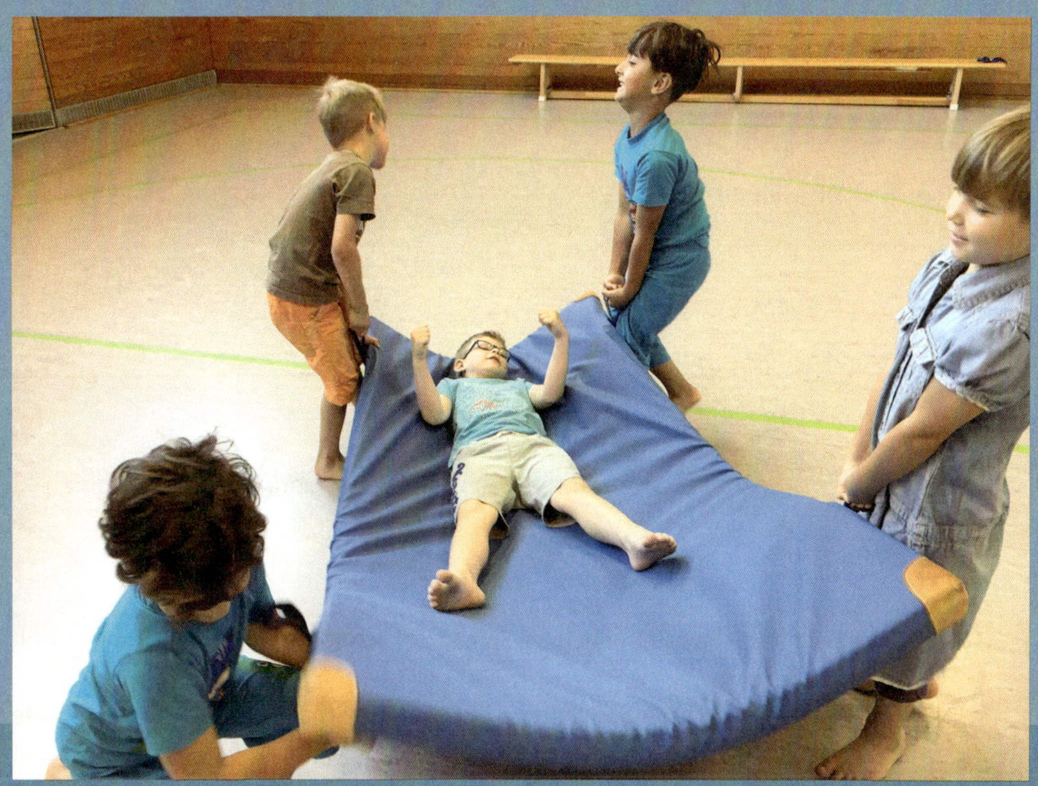

Diese Praxisidee macht den Kindern bewusst, dass bestimmte Dinge alleine einfach nicht machbar sind. Erst durch den Zusammenhalt im Team können dann derartige Aufgaben erfolgreich bewältigt werden.

Mit vereinten Kräften

Alter: ab 5 Jahren

Material: 2 leere Spielzeugkiste o. Ä.

Organisationsform: Kleingruppe

Zeitaufwand: 3–5 Minuten

Spielort: Raum mit Spielsachen, Büchern o. Ä.

Schwerpunkt: Visuelle Wahrnehmung, Reaktion, Schnelligkeit, Selbst- und Fremdwahrnehmung

Spielverlauf:
Die Spielleitung holt sich eine leere Spielzeugkiste und stellt der Gruppe eine weitere zur Verfügung.
Auf ein Startzeichen der Spielleitung hin läuft die Gruppe los, um möglichst viele Dinge in die Kiste zu geben. Die Spielleitung tut es der Gruppe gleich und versucht ebenfalls ihre Kiste zu füllen. Dadurch, dass die Kinder in Überzahl sind, ist die Aufgabe für sie viel leichter und schneller zu bewältigen.
Am Ende macht die Spielleitung den Kindern bewusst, dass eine Person innerhalb einer bestimmten Zeit nicht das gleiche Pensum wie eine Gruppe schaffen kann.

Variante:
Die Kinder sollen in sämtlichen Schubladen nachschauen, ob alles richtig einsortiert wurde. Sämtliche Dinge, die nicht in die Schublade gehören, landen in der Kiste. Die Spielleitung macht ebenfalls mit und bewahrt ihre gefundenen Sachen dann in ihrer Kiste auf. Die Gruppe und die Spielleitung haben hierfür drei Minuten Zeit. Am Ende dürfte die Gruppe die Nase vorne und die meisten aussortierten Sachen in ihrer Kiste haben.

Indem die Kinder den Inhalt der beiden Kisten miteinander vergleichen, merken sie rasch, dass viel mehr mit vereinten Kräften innerhalb einer bestimmten Zeit geschafft werden kann. Folglich müssen sie nicht alles alleine meistern, um ein bestimmtes Ziel zu erreichen.

So gelingt Tauziehen

Alter: ab 5 Jahren

Material: 1 langes Tau

Organisationsform: Klein- oder Großgruppe

Zeitaufwand: 3–5 Minuten

Spielort: Turnhalle oder Außengelände

Schwerpunkt: Selbst- und Fremdwahrnehmung, kinästhetische Wahrnehmung, Ausdauer

Spielverlauf:
Die Spielleitung holt ein Tau und bittet z. B. zwei Mädchen gegen vier Jungen anzutreten. Alle übrigen Kinder schauen einfach erst einmal zu.
Auf ein Kommando der Spielleitung hin ist das Tauziehen eröffnet. Die beiden Mädchen versuchen vergeblich, die vier Buben mithilfe des Taus zu sich herzuziehen. Damit jedoch die beiden Mädchen das Spiel nicht verlieren, dürfen sie ein paar Kinder, die zuschauen, herbeirufen, sodass sie das Tauziehen allein schon durch die vielen weiteren Kinder in ihrem Team auf jeden Fall gewinnen müssen.
Am Schluss findet eine Diskussionsrunde statt, bei der u. a. die folgenden Fragen gemeinsam geklärt werden können:

- Wieso konnten die zwei Mädchen das Tauziehen zunächst nicht gewinnen?
- Wieso konnten die beiden Mädchen dennoch das Spiel gewinnen?
- Wozu kann ein starkes, großes Team gut sein?

Variante:
Eines der Kinder darf die Spielleitung, die auf dem Boden sitzt, zu sich herziehen. Diese bleibt jedoch wie angewurzelt auf ihrem Platz sitzen. Damit jedoch das Vorhaben gelingt, kann es die Gruppe um Hilfe bitten, sodass die Spielleitung keine Chance mehr hat.

Mithilfe des Spiels lernen die Kinder, dass ein kleines Team gegen ein großes Team mit weitaus mehr Kindern in der Regel keine Chance hat. Es kann deshalb sinnvoll sein, dass ein kleines Team weitere Teammitglieder ins Boot holt, um ein Ziel erfolgreich zu erreichen.

Möbelpacker

Alter: ab 5 Jahren

Material: –

Organisationsform: Kleingruppe

Zeitaufwand: 3–5 Minuten

Spielort: Stuhlkreis mit Tisch

Schwerpunkt: Motorik, Koordination sowie Selbst- und Fremdwahrnehmung

Spielablauf:
Die Kinder sitzen zusammen im Stuhlkreis, in dessen Mitte die Spielleitung einen Tisch platziert.
Die Spielleitung bittet die Kinder, ihre Stühle einmal im Stuhlkreis linksherum zu tragen. Die Aufgabe ist für alle Kinder sicherlich noch gut zu bewältigen. Auf dem Ausgangsplatz wieder angekommen, sollen die Kinder einen Tisch in die Luft heben und diesen einmal im Innenkreis um sich herum drehen. Sie dürfen versuchen, die Aufgabe erst einzeln und dann im Team zu bewältigen.

Variante:
Die Kinder stellen in der Kreismitte drei bis vier Stühle aufeinander.
Miteinander sollen sie überlegen, ob sie die Stühle alleine in die Luft heben können oder nicht. Indem sie es einzeln der Reihe nach das Ganze ausprobieren, werden sie rasch bemerken, dass die Herausforderung viel zu groß ist. Im zweiten Schritt dürfen sie beratschlagen, wie sie als Team zusammenarbeiten müssen, damit die Aufgabe auf Anhieb gelingt.

In einem Umzugsunternehmen arbeiten meist viele Leute im Team zusammen. Besonders bei sperrigen schweren Möbelstücken sind dann mehrere Leute gefragt, die mit vereinten Kräften versuchen, die Aufgabe zu meistern. Indem die Kinder das nachspielen, merken sie rasch, wie existentiell wichtig eine gute Zusammenarbeit im Team sein kann.

Viele helfende Hände

Alter: ab 5 Jahren

Material: 1 Turnmatte, Decke o. Ä.

Organisationsform: Kleingruppe

Zeitaufwand: 3–5 Minuten

Spielort: Turnhalle oder Raum

Schwerpunkt: Kommunikation, Konzentration, Ausdauer, taktile Wahrnehmung, Selbst- und Fremdwahrnehmung

Spielverlauf:

Die Spielleitung legt eine Turnmatte auf den Boden, auf dem sich eines der Kinder auf dem Rücken hinlegen darf. Die übrigen Kinder knien sich um das liegende Kind herum.

Sie bittet nun ein beliebiges Kind zwei Körperstelle des liegenden Kindes, die sich möglichst weit voneinander entfernt befinden, zu berühren. Die Aufgabe ist jedoch alleine nicht zu meistern, sodass das Kind ein zweites Kind zur Hilfe holen darf. Indem die Spielleitung immer mehr neue Körperstellen benennt, kommen weitere Kinder hinzu, um die Aufgaben gemeinsam zu lösen.

Erst wenn alle Kinder mit beiden Händen irgendeine Körperstelle des liegenden Kindes berühren, ist das Spiel beendet.

Am Schluss tauschen die Kinder sich untereinander aus und klären gemeinsam, in welchen Situationen Teamarbeit gefragt ist. Das kann z. B. bei einem Mannschaftsspiel oder einem bestimmten Projekt sein.

Variante:

Ein beliebiges Kind steht im Innenkreis und soll bei sich selbst drei von der Spielleitung benannte Körperstellen, die es mit den Händen gut erreichen kann, gleichzeitig anfassen. Bei der dritten benannten Körperstelle braucht es jedoch die Hilfe eines anderen Kindes. Je mehr Körperteile hinzukommen, desto mehr helfende Hände werden benötigt.

Ein Spiel, bei dem die Kinder rasch bemerken, dass sie nur zwei Hände haben und nicht alles gleichzeitig machen können. Umso wichtiger ist es dann, ein starkes Team an der Seite zu wissen.

Alle für einen

Alter: ab 6 Jahren

Material: 1 Softball

Organisationsform: Kleingruppe

Zeitaufwand: 3–5 Minuten

Spielort: Turnhalle, Raum oder Außengelände

Schwerpunkt: Reaktion, Schnelligkeit, Augen-Fuß-Koordination, Selbst- und Fremdwahrnehmung

Spielverlauf:
Alle Kinder bis auf eines stehen Hand in Hand im Kreis. Das einzelne Kind, das in der Kreismitte sitzt, darf von dem Ball, den die Spielleitung außerhalb des Kreises in dessen Richtung kickt, nicht getroffen werden. Die Aufgabe ist alleine wesentlicher schwieriger als im Team zu meistern. Aus diesem Grund dürfen die Kinder auf der Kreisbahn mithelfen und versuchen, den Ball mit den Füßen zu stoppen, und zwar möglichst so, dass der Ball nicht in den Innenkreis gelangt. Sollte dennoch die Spielleitung das Spiel gewinnen, hat das Team zumindest alles dafür getan, um das Vorhaben der Spielleitung zu verhindern.

Variante:
Die Spielleitung kann jetzt den Ball in Richtung Innenkreis kicken oder werfen, sodass der Schwierigkeitsgrad erhöht wird. Ansonsten verläuft alles so wie im vorherigen Spiel beschrieben, jedoch darf das Team nun den Ball auch fangen oder mit den Händen einfach abwehren.

Dieses Spiel verdeutlicht den Kindern, dass sie im Team wesentlich stärker sind als alleine, obwohl sie natürlich auch als Team scheitern können. Dennoch können sie so ihre Chancen enorm steigern, um eine Aufgabe gut zu meistern.

Im Team geht's leicht

Alter: ab 7 Jahren

Material: 1 Sanduhr, die 1 Minute anzeigt, 1 Stoppuhr oder Uhr mit Sekundenzeiger

Organisationsform: Kleingruppe

Zeitaufwand: 5–10 Minuten

Spielort: Tisch

Schwerpunkt: Konzentration, Gedächtnistraining, Kommunikation, Selbst- und Fremdwahrnehmung

Spielverlauf:

Die Kinder sitzen um einen Tisch herum. Die Spielleitung holt die Sanduhr, dreht diese um und stellt sie auf den Tisch. Danach bittet sie nur eines der Kinder, möglichst viele Wörter, die z. B. mit dem Buchstaben „A" beginnen, zu finden. Dafür bekommt das betreffende Kind eine Minute Zeit. Die übrigen Kinder zählen eifrig jedes richtig benannte Wort mit. Danach bittet sie alle Kinder und somit auch das vorherige Kind, die jetzt als Team zusammenarbeiten, möglichst viele Wörter zu benennen, die z. B. mit den Buchstaben „D" anfangen. Die Spielleitung gibt dem Team ebenfalls eine Minute Zeit und zählt dabei eifrig die einzelnen Wörter mit. Dabei werden die Kinder schnell feststellen, dass sie als Team in der Regel eine höhere Anzahl an Wörtern finden können.

Das Spiel wiederholen die Kinder noch ein paar Mal, jedoch mit jeweils einem anderen Buchstaben und einem neuen Kind, das das Spiel beginnt.

Variante:

Eines der Kinder darf möglichst viele Additions- oder Subtraktionsaufgaben lösen, die die Spielleitung ihm stellt. Dafür bekommt das Kind eine Minute Zeit. Danach sind alle Kinder gleichzeitig an der Reihe. Die Spielleitung stellt den Kindern, die nun als Team zusammenarbeiten, ebenfalls ein paar Rechenaufgaben. Dabei wird das Team in der Regel eine größere Anzahl an Rechenaufgaben richtig lösen können.

Bei diesem Spiel merken die Kinder rasch, dass auch Gedächtnisaufgaben in der Regel viel leichter und schneller gemeinsam zu lösen sind.

Buchstaben und Wörter

Alter: ab 7 Jahren

Material: Knete

Organisationsform: Klein- und Großgruppe

Zeitaufwand: 5–10 Minuten

Spielort: Tisch

Schwerpunkt: Kommunikation, Gedächtnis, Motorik, Konzentration und Ausdauer, visuelle Wahrnehmung

Spielablauf:
Die Kinder sitzen um einen Tisch herum und erhalten jeweils eine Handvoll Knetmasse. Je nachdem, wie viele Kinder mitspielen, überlegt sich die Spielleitung ein Wort mit der gleichen Anzahl an Buchstaben. Jedes Kind darf dann einen Buchstaben kneten. Am Ende dürfen die Kinder auf Anweisung der Spielleitung hin die Buchstaben zu dem zuvor genannten Wort zusammenfügen. Dabei macht die Spielleitung den Kindern bewusst, dass erst die einzelnen Buchstaben ein Wort ergeben und einer alleine mit seinem Buchstaben kein Wort schreiben kann.

Variante:
Das Gleiche können die Kinder auch mit Zahlen machen, die sie kneten.
Spielen z. B. fünf Kinder mit, soll eine fünfstellige Zahl gelegt werden. Damit das Ziel erreicht werden kann, braucht es wieder das Team.

Wörter bestehen aus einzelnen Buchstaben, die bei diesem Spiel von jeweils einem Kind aus Knete angefertigt werden. Einer alleine kann jedoch mit seinem Buchstaben kein Wort schreiben und braucht hierfür die Buchstaben der anderen.

Ideen austauschen und gemeinsam handeln

Teambuilding-Spiele, die viel Kommunikation und Geduld erfordern

Warten können und Geduld üben ist gar nicht so einfach in der heutigen Zeit, in der alles möglichst schnell gehen muss und man erst dann besonders produktiv wirkt, sobald man ein paar Sachen auf einmal erledigen kann. Die eigene Impulskontrolle und Frustrationstoleranz spielen jedoch beim Thema „Geduld" eine zentrale Rolle, die bei Kindern wesentlich geringer als bei den allermeisten Erwachsenen ausgeprägt ist. Besonders jüngere Kinder sind zwar besonders leicht für eine Sache, die sie spannend und interessant zugleich empfinden, zu motivieren, jedoch können sie noch nicht so lange stillsitzen und geduldig zu hören. Sie quengeln und nörgeln, wenn sie sich langweilen, hungrig oder krank sind und können es kaum ertragen, wenn eine Sache nicht gleich auf Anhieb funktioniert. Kurz vor dem Schuleintritt sind jedoch die allermeisten Kinder bereits in der Lage, etwas länger abzuwarten und ihre Bedürfnisse aufzuschieben. Es hapert jedoch meist noch bei Aufgaben, bei denen Selbstdisziplin und eine höhere Ausdauerbereitschaft unerlässlich sind.

Teambuilding-Spiele, bei denen die Kinder konzentriert und geduldig an Aufgaben herangehen sollen, helfen ihnen dabei, in stressigen und vielleicht unangenehmeren Situationen am Ball zu bleiben. Sie üben, selbst unter Zeitdruck ruhig und gelassen zu bleiben, sodass sie trotz aller widrigen Umständen ihr gemeinsames Ziel konsequent verfolgen können. Dabei lernen sie nicht nur in bestimmten Situationen Ruhe zu bewahren, sondern auch Ideen auszutauschen, sodass sie gemeinsam viel leichter handeln und Probleme meistern können. Indem sie nicht ständig von einer Sache zur anderen springen und vielleicht sogar bei Schwierigkeiten vorschnell aufgeben, lernen sie hartnäckig bei einer Sache zu bleiben. Das ist heutzutage besonders wichtig, da die Kinder viel Zerstreuung und Ablenkung in ihrem Alltag erleben und kaum Langeweile ertragen können. Umso bedeutsamer sind dann Teambuilding-Spiele, bei denen die Kommunikation, Geduld und Ausdauer sowie kognitive Fähigkeiten im besonderen Maße gefragt sind.

„Ist man in kleinen Dingen nicht geduldig, bringt man die großen Vorhaben zum Scheitern.“

Konfuzius (551 v. Chr. – 479 v. Chr.), chinesischer Philosoph zur Zeit der Östlichen Dynastie

Patchwork-Teppich

Alter: ab 5 Jahren

Material: 6 rote, 5 gelbe und 5 blaue Faltblätter (z. B. 10 × 10 cm)

Sozialform: Partnerübung oder Kleingruppe

Zeitaufwand: 5 Minuten

Spielort: Tisch

Schwerpunkt: Visuelle Wahrnehmung, Kommunikation, logisches Denken, Motorik, Geduld, Konzertration und Ausdauer

Spielverlauf:
Die Kinder sitzen um einen Tisch herum, auf dem sich 16 Faltblätter in den o. g. Farben befinden. Auf Anweisung der Spielleitung hin sollen sie als Team mit den Faltblättern einen Patchwork-Teppich bilden und zwar so, dass keine zwei gleichen Farben über- oder gar nebeneinander liegen.
Wie die Aufgabe gelöst wird, bestimmt das Team, das sich zunächst über die einzelnen Schritte einig werden muss.
Erst wenn alle Kinder der Ansicht sind, die Aufgabe richtig erfüllt zu haben, kontrolliert die Spielleitung gemeinsam mit ihnen das fertige Produkt.

Variante:
Die Spielleitung legt eine logische Reihe mit ein paar Faltblättern. Sie baut jedoch auch Fehler ein, indem sie z. B. zwei bis drei Faltblätter in der gleichen Farbe nacheinander auf den Tisch legt, die so nicht zu dieser logischen Reihe passen. Die Gruppe soll als Team herausfinden, wo sich die Fehler befinden und wie diese farblich angeordnet werden können, sodass sich am Ende keine Faltblätter in der gleichen Farbe nebeneinander auf dem Tisch befinden.

Miteinander Farben so anordnen, dass keine gleichen Farben über oder nebeneinander auf dem Tisch zu sehen sind, funktioniert im Team nur, wenn alle ihre Ideen untereinander austauschen und sich gemeinsam auf einen Lösungsweg einigen.

Miteinander am Ball bleiben

Alter: ab 5 Jahren

Material: 1 Softball o. Ä., 3 Softbälle, 1 Stoppuhr oder Uhr mit Sekundenzeiger

Organisationsform: Kleingruppe

Zeitaufwand: 3 Minuten

Spielort: Turnhalle, Raum oder Außengelände

Schwerpunkt: Logisches Denken, Kommunikation, Augen-Fuß-Koordination, Kampfgeist, Siegeswille, Geduld, Konzentration und Ausdauer

Spielverlauf:
Während die Kinder einen geschlossenen Kreis bilden, legt die Spielleitung einen Softball in die Kreismitte.
Auf ein Startkommando der Spielleitung hin darf das Team erst einmal beratschlagen, wie es den Ball hin und her bewegen kann und zwar ohne, dass die Teammitglieder sich gegenseitig loslassen. Sie können z. B. den Ball behutsam hin und her kicken oder von Fuß zu Fuß einmal links im Innenkreis entlang herumrollen lassen.
Wurde eine Lösung gefunden, geht es los! Sollte jedoch der Ball außerhalb des Kreises gelangen, bevor die Spielzeit nach drei Minuten abgelaufen ist, fängt das Spiel von vorne an.

Variante:
Die Kinder erhalten drei kleinere Bälle. Danach verläuft das Spiel so wie oben beschrieben.
Das Spiel ist aus, sobald einer der Bälle vor Ablauf der Spielzeit außerhalb des Kreises gelangt oder im Idealfall alle drei Bälle während der gesamten Spielzeit im Kreis bleiben.

Bei diesem Ballspiel ist nicht nur eine gute Augen-Fuß-Koordination gefragt, sondern auch der Zusammenhalt im Team, ohne den das Spiel nicht zu gewinnen ist.

Auf die Ringe, fertig, los!

Alter: ab 5 Jahren

Material: 1 Hand- oder Fußballtor, 4 Gymnastikreifen, 4 Gymnastikseile, 1 Stoppuhr oder Uhr mit Sekundenzeiger

Organisationsform: Partnerübung oder Kleingruppe

Zeitaufwand: 3 Minuten

Spielort: Turnhalle oder Sportplatz

Schwerpunkt: Kommunikation, visuelle Wahrnehmung, Kampfgeist, Siegeswille, Motorik, Geduld und Ausdauer

Vorbereitung:
Die Spielleitung bindet die Gymnastikreifen der Reihe nach unterschiedlich hoch mit jeweils einem Seil an einem Hand- oder Fußballtor fest.

Spielverlauf:
Die Kinder sollen möglichst viele Dinge, die sie selbst am Körper tragen oder in der Turnhalle finden, an den Ringen behutsam anbringen. Das können nur leichte Sachen, wie z. B. Socken, Turnsäckchen oder einfach Chiffontücher sein. Bevor sie jedoch damit anfangen, sollen sie sich auf eine bestimmte Anzahl an Sachen einigen, die sie ihrer Meinung nach innerhalb von drei Minuten finden und auf die einzelnen Ringen legen können. Die Kinder geben einen Tipp ab, bevor sie als Team mit der Aufgabe starten. Sobald jedoch die Spielleitung nach drei Minuten „Stopp!" ruft, hören sie sofort auf und zählen die Sachen, die sich auf den Ringen befinden und sind gespannt, ob sie das Spiel so wie vermutet gut gemeistert haben.

Variante:
Es dürfen nur Dinge, die z. B. eine bestimmte Farbe oder Form haben, auf die Ringe gelegt werden. Ansonsten verläuft alles so wie bereits beschreiben.

Bei diesem Spiel üben die Kinder, trotz Zeitdruck präzise miteinander zu arbeiten, um eine bestimmte Stückzahl zu erreichen.

Sicherheitsdraht

Alter: ab 5 Jahren

Material: 1 Wollknäuel, 1 Schere, 10–12 Stühle (gerade Anzahl), 1 Stoppuhr oder Uhr mit Sekundenzeiger

Organisationsform: Kleingruppe, evtl. Großgruppe

Zeitaufwand: 3 Minuten

Spielort: Raum

Schwerpunkt: Visuelle und taktile Wahrnehmung, Kommunikation, Kampfgeist, Siegeswille, Motorik, Konzentration, Geduld und Ausdauer

Vorbereitung:
Die Spielleitung verteilt in einem überschaubaren Spielfeld ein paar Stühle, die sie mit jeweils einem langen Wollfaden in einem Abstand von bis zu ca. 30 cm vom Boden entfernt verbindet.

Spielverlauf:
Die Kinder überlegen, wie sie den „Sicherheitsdraht" im wahrsten Sinne des Wortes Hand in Hand überwinden können. Sie können z. B. der Reihe nach über die gespannte Schnur steigen, springen oder einfach unten durchkrabbeln. Sie entscheiden sich für eine Lösung, die für alle stimmig ist.
Danach geht's los. Die Kinder bilden eine lange Schlange. Das erste Kind aus der Schlange führt die Gruppe an, mit der es dann auf eine bestimmte Weise die Schnur überwindet. Dabei darf weder die Schnur an einer Stelle zerrissen noch berührt werden. Ansonsten fängt das Spiel vielleicht mit einer neuen Strategie von vorne an, das fehlerfrei nach drei Minuten beendet ist.

Variante:
Es werden mehrere kleine Teams, die aus drei bis vier Kindern bestehen, gebildet. Jedes Team entscheidet selbst, wie es die Schnur trotz Handfassung überwinden kann.
Auf ein Startzeichen der Spielleitung hin geht es für alle Teams gemeinsam los! Im Gegensatz zu den o. g. Spiel müssen die einzelnen Teams auch aufeinander

Hand in Hand ein Hindernis in aller Ruhe überwinden und dabei stets das gemeinsame Ziel vor Augen haben, fördert enorm den Teamgeist und den Willen, etwas gemeinsam zu schaffen, auch wenn es mal unbequem wird.

Rücksicht nehmen und gegebenenfalls abwarten, bis sie mit vereinten Kräften weiter loslegen können. Welches Team kann das Hindernis drei Minuten lang fehlerfrei überwinden?

Wackelbrücke

Alter: ab 5 Jahren

Material: 1 Stufenbarren, 15 – 20 Gymnastikseile; evtl. 1 Stoppuhr oder Uhr mit Sekundenzeiger

Organisationsform: Partnerübung oder Kleingruppe

Zeitaufwand: 2 – 6 Minuten

Spielort: Turnhalle

Schwerpunkt: Visuelle Wahrnehmung, Motorik, Kampfgeist, Siegeswille, Geduld, Konzentration, und Ausdauer

Vorbereitung:
An einem Stufenbarren bindet die Spielleitung ein paar Seile der Reihe nach an den Enden fest, sodass eine Brücke entsteht.

Spielverlauf:
Die Kinder stehen der Reihe nach an einem Ende des Barrens.
Auf ein Startzeichen der Spielleitung hin gehen die Kinder einzeln über die Brücke. Beim Überqueren der Brücke dürfen sie weder ein Seil auslassen noch den Boden berühren. Sobald jedoch ein Kind einen Fehler macht, kommt ein anderes Kind an die Reihe. Für jedes Kind, das erfolgreich die „Wackelbrücke" überwunden hat, erhält das Team einen Punkt. Sollte mehr als die Hälfte an möglichen Punkten erreicht worden sein, wurde die Aufgabe im Team hervorragend gemeistert.

Variante:
Zwei gleich große Teams treten gegeneinander an. Spielen z. B. fünf Kinder pro Team mit, hat jedes Team fünf Minuten Zeit, um möglichst oft die Wackelbrücke zu überqueren. Beim Überqueren der Brücken dürfen jetzt auch einzelne Seile ausgelassen werden.
Dasjenige Team, das am häufigsten die Wackelbrücke überqueren konnte, ist Sieger!

Bei diesem Spiel kommt es auf die Geschicklichkeit an, die aufgrund des enormen Zeitdrucks für die Kinder eine ganz besondere Herausforderung darstellt.

Stühle auf den Tisch stapeln

Alter: ab 6 Jahren

Material: Tisch, 6–8 Stühle

Organisationsform: Kleingruppe

Zeitaufwand: 3–5 Minuten

Spielort: Tisch

Schwerpunkt: Logisches Denken, Kommunikation, visuelle Wahrnehmung, Geduld, Konzentration und Ausdauer

Spielverlauf:
Das Team stellt sich um einen Tisch herum auf. Je nachdem, wie groß der Tisch ist, holt die Spielleitung 6 bis 8 Stühle, die allesamt auf den Tisch gestapelt werden sollen.
Zu Beginn überlegt sich das Team, wie es am besten alle Stühle auf den Tisch bekommt. Es kann z. B. die Hälfte der Stühle auf den Tisch stellen und weitere Stühle auf diese stapeln. Die Kinder können jedoch auch ein paar Stühle mit der Sitzfläche auf den Tisch stellen und alle übrigen Stühle einfach dazustellen. Ziel ist, dass sie miteinander verschiedene Lösungswege erarbeiten und sich für den nach ihrer Ansicht besten entscheiden. Dabei sollen sie auch besprechen, wer von ihnen beginnt und vielleicht auch wieder die Aufgabe beendet. Danach können sich alle Kinder gemeinsam an die Aufgabe heranwagen und dabei natürlich auch miteinander kommunizieren.
Das Spiel ist aus, sobald sich alle Stühle auf dem Tisch befinden.

Variante:
Im Gegensatz zu dem oben genannten Spiel sollen die Kinder alle Stühle unter dem Tisch platzieren.
Erst wenn sich alle Sitzgelegenheiten unter dem Tisch befinden, hat die Gruppe die Aufgabe sehr gut bewerkstelligt.

Bei diesem Spiel müssen die Kinder sehr eng und konzentriert miteinander im Team arbeiten, damit nichts schiefgehen kann. Erst wenn sie geduldig und aufmerksam sind und sich aufeinander einlassen können, wird die Aufgabe letztendlich zu meistern sein.

Zielsicher trotz Turbulenzen

Alter: ab 6 Jahren

Material: 1 Softball, für jedes Kind 1 Gymnastikreifen, 1 Balancierscheibe, 1 Turnkasten o. Ä., 1 Stoppuhr oder Uhr mit Sekundenzeiger

Organisationsform: Kleingruppe

Zeitaufwand: 5 Minuten

Spielort: Turnhalle

Schwerpunkt: Visuelle Wahrnehmung, Augen-Hand-Koordination, Motorik, Geduld, Konzentration und Ausdauer

Vorbereitung:
Die Kinder ordnen die o. g. Dinge nicht zu nah beieinander kreisförmig an und stellen sich in die Reifen und auf die übrigen Kleingeräte.

Spielverlauf:
Die Spielleitung übergibt einem Kind den Ball, den es demjenigen Kind zuwirft, das sich rechts neben ihm auf der Kreisbahn befindet. Das Kind wiederum wirft den Ball seinem rechten Nachbarkind zu. Auf diese Weise wandert der Ball von Hand zu Hand rechts im Kreis herum. Sobald jedoch der Ball wieder das Ausgangskind erreicht hat, gehen alle Kinder einen Platz nach links im Kreis herum und fangen das Spiel von vorne an. Sollte jedoch der Ball in der ersten Spielrunde auf den Boden fallen, fängt das Spiel ausgehend vom Ausgangsplatz von vorne an.
Das Spiel ist aus, sobald fünf Minuten Spielzeit vorüber sind oder der Ball von den Kindern dreimal gegen den Uhrzeigersinn herumgeworfen werden konnte.

Variante:
Jedes zweite Kind erhält einen Ball. Danach verläuft das Spiel so wie oben beschrieben, jedoch sollen jetzt – im Gegensatz zum obigen Spiel – gleich mehrere Bälle unversehrt den Kreis am besten mehrmals im Uhrzeigersinn umrunden.

Ein Spiel, bei dem die Kinder Hand in Hand arbeiten müssen und sich dabei nicht aus der Ruhe bringen lassen dürfen, um miteinander ein gutes Ergebnis zu erreichen.

Bücherturm

Alter: ab 6 Jahren

Material: jede Menge Bücher, 1 Zollstock

Organisationsform: Partnerübung oder Kleingruppe

Zeitaufwand: 5–10 Minuten

Spielort: Raum

Schwerpunkt: Visuelle und taktile Wahrnehmung, Kommunikation, Augen-Hand-Koordination, Geduld, Konzentration und Ausdauer

Spielverlauf:

Die Kinder holen sich jede Menge Bücher, die natürlich unterschiedlich groß und dick sein können.

Auf ein Kommando der Spielleitung hin sollen sie einen mindestens ein Meter hohen Turm mithilfe der Bücher bauen, indem sie die Bücher auf irgendeine Weise aufeinanderstapeln. Die Spielleitung stellt ihnen zur Kontrolle einen Zollstock zur Verfügung. Unabhängig davon, müssen sie natürlich wissen, wie man am besten anfängt. Welche Bücher eignen sich besonders gut als Fundament und wie sieht es mit der Statik aus, wenn man z. B. ein etwas größeres Buch auf ein kleineres stellt? Indem sich die Kinder mit diesen oder ähnlichen Fragen bewusst auseinandersetzen, lösen sie allmählich geschickt die Aufgabe. Sobald jedoch die Ein-Meter-Marke geknackt wurde, ist das Spiel beendet.

Variante:

Die Kinder sollen zwei jeweils 50 cm hohe Türme mithilfe der Bücher bauen. Das Besondere daran: Die Bücher sollen bei jedem Turm auf unterschiedliche Weise aufeinandergestellt werden.

Bei diesem Spiel kommen die kleinen Architekten, Bauleiter und Bauarbeiter von morgen voll auf ihre Kosten. Ohne miteinander zu kommunizieren würden sie sicherlich nichts gemeinsam auf den Weg bringen.

Entfesselungskünstler

Alter: ab 7 Jahren

Material: 1 Wollknäuel

Organisationsform: Klein- oder Großgruppe

Zeitaufwand: 5–10 Minuten

Spielort: Stuhlkreis

Schwerpunkt: Visuelle Wahrnehmung, Kommunikation, Augen-Hand-Koordination, Geduld und Ausdauer

Spielverlauf:
Die Gruppe sitzt im eng gestellten Stuhlkreis beisammen. Die Spielleitung holt sich einen Wollknäuel und wickelt ein langes Stück Faden ab, mit dem sie ein beliebiges Kind im Stuhlkreis auf irgendeine Art ein paarmal umwickelt. Dabei kann sie auch den Stuhl des Kindes miteinbeziehen. Danach geht sie zu dem nächsten Kind, das rechts neben dem ersten Kind sitzt, um den Vorgang zu wiederholen. Auf diese Weise werden alle Kinder der Reihe nach mithilfe des Wollfadens „gefesselt".
Erst wenn die Gesamtgruppe im wahrsten Sinne des Wortes miteinander verbunden ist, darf dasjenige Kind, das als Letztes an der Reihe gewesen ist, sich selbst entfesseln und dabei den Faden Stück für Stück wieder auf das Knäuel wickeln. Die übrigen Kinder beobachten alles genau und können dem Kind von ihrem Platz aus wertvolle Tipps geben. Danach ist dasjenige Kind, das links neben dem Kind sitzt, an der Reihe. Es bekommt den Knäuel und soll sich so wie das vorherige Kind vom Faden befreien. Dabei darf das vorherige Kind, das bereits die Aufgabe gelöst hat, diesem Kind behilflich sein. Konnte das betreffende Kind die Aufgabe meistern, kommt das nächste Kind an die Reihe, das die beiden vorherigen Kinder als Helfer einbeziehen darf.
Auf diese Weise geht es immer weiter, bis sich alle im Stuhlkreis wieder befreit haben.

Variante:
Die Gruppe spielt das o. g. Spiel, jedoch nicht der Reihe nach. Werden die Kinder sich gleichzeitig wieder entfesseln bzw. befreien können? Kinder, die sich besonders schnell befreien konnten, dürfen den anderen sofort behilflich sein.

Bei diesem Spiel sollen die Kinder als Team zeigen, wie sie sich mit viel Geduld gemeinsam aus einer scheinbar ausweglosen Situation befreien und sich gegenseitig eine wertvolle Stütze sein können.

Ein hoher Turm

Alter: ab 7 Jahren

Material: verschiedene Gegenstände, von denen jeder zweimal vorhanden ist

Organisationsform: Partnerübung oder Kleingruppe

Zeitaufwand: 5–10 Minuten

Spielort: Raum

Schwerpunkt: Visuelle und taktile Wahrnehmung, Kommunikation, Augen-Hand-Koordination, Geduld, Konzentration und Ausdauer

Spielverlauf:
Eines der Kinder baut ein hohen Turm auf dem Boden, der aus verschiedenen Gegenständen besteht, die sich allesamt noch ein zweites Mal im Raum befinden. Die Aufgabe der Gruppe besteht darin, dieses Kunstwerk nachzubauen.
Damit das gelingt, muss die Gruppe als Team erst einmal beratschlagen, aus welchen Dingen der erste Turm besteht und wer von ihnen das eine oder andere Material beschafft. Wurden die Sachen zusammengetragen, muss das Team besprechen, wie das Kunstwerk aufgebaut ist. Miteinander sollen sie herausfinden, welche Gegenstände als Erstes zum Einsatz kommen und wie diese verwendet werden müssen, damit das Kunstwerk mit dem Original übereinstimmt.
Am Schluss schaut die Spielleitung gemeinsam mit den Kindern nach, ob das Duplikat mit dem Original zu einhundert Prozent übereinstimmt oder nicht. Falls nicht, soll das Team die Fehler herausfinden, sodass am Ende alle mit dem Ergebnis zufrieden sind.

Variante:
Die Gruppe sucht nach den Gegenständen, die für das Kunstwerk verwendet wurden. Wurden alle Dinge zusammengetragen, darf die Gruppe das Kunstwerk weiterbauen und zwar so, dass es das ursprüngliche Kunstwerk weder verändert noch zerstört.

Miteinander als Team ein Duplikat herstellen, erfordert viel Geduld und Geschicklichkeit von den einzelnen Teammitgliedern, die sich zudem untereinander gut absprechen müssen, damit sich niemand in die Quere kommt und jeder weiß, was er gerade zu tun hat.

Auf unser Team, fertig, los!

Teambuilding-Spiele für mehr Kampfgeist mit Bällen und Hindernissen

Klassische Mannschaftsspiele, wie z. B. Fuß- oder Völkerball sind für Groß und Klein ein Quell der Freude. Zudem bereiten Wettkämpfe und Staffelspiele, bei denen mindestens zwei Personen oder Gruppen gegeneinander antreten oder einfach nur gegen die Zeit spielen, bereits vielen Kindern ein spürbar großes Vergnügen. Zwei einfache Beispiele sind hierfür das altbekannte Tauziehen und der uralte Eierlauf, bei dem z. B. ein Tischtennisball statt eines rohen Eis von Löffel zu Löffel im Uhrzeigersinn transportiert wird und zwar so, dass das „Ei" nicht auf den Boden fällt. Unabhängig davon lassen Mannschafts-, Wettkampf- und Staffelspiele besonders dann Kinderherzen höherschlagen, wenn ein paar Dinge im Vorfeld beachtet werden. So müssen z. B. läuferisch starke und eher schwache Kinder gleichmäßig auf die einzelnen Gruppen verteilt werden und diese möglichst die gleiche Anzahl an Kindern haben. Auf diese Weise sind die Spiele auch für die Kleineren und Schwächeren im Team interessant und unterhaltsam zugleich. Indem jedes Team eine realistische Chance zum Siegen hat, wird in besonderem Maße Siegeswille, Motivation und Teamgeist bei den einzelnen Kindern gestärkt, sodass jeder für sein Team von Anfang an nur sein Bestes gibt.
Bei den folgenden fetzigen und zum Teil auch recht laufintensiven Teambuilding-Spielen sind individuelle Leistung und gute Kooperation von allen Kindern eng miteinander verknüpft. Auf diese Weise können koordinative und physische Fähigkeiten, die bei den einzelnen Kindern unterschiedlich ausgeprägt sein können, im Team gut zum Tragen kommen. Zudem können sich mögliche Schwächen im Team wieder ausgleichen. Dies wiederum führt dazu, dass ein Team trotz aller Hindernisse und Herausforderungen, die sich während des Spiels auftun können, miteinander unglaublich viel erreichen kann. Dadurch, dass selbst Kinder unterschiedlichen Alters und unterschiedlicher sportlicher Kondition gut mitmachen können, wird der Teamgeist, die Bewegungsfreude, Motorik und Kondition insbesondere in einem bunt zusammengewürfelten Team gleichermaßen gefördert, sodass alle Kinder möglichst fit und gesund bleiben und sich gerne für die gemeinsame Sache mit ganz viel Lust und Power einsetzen.

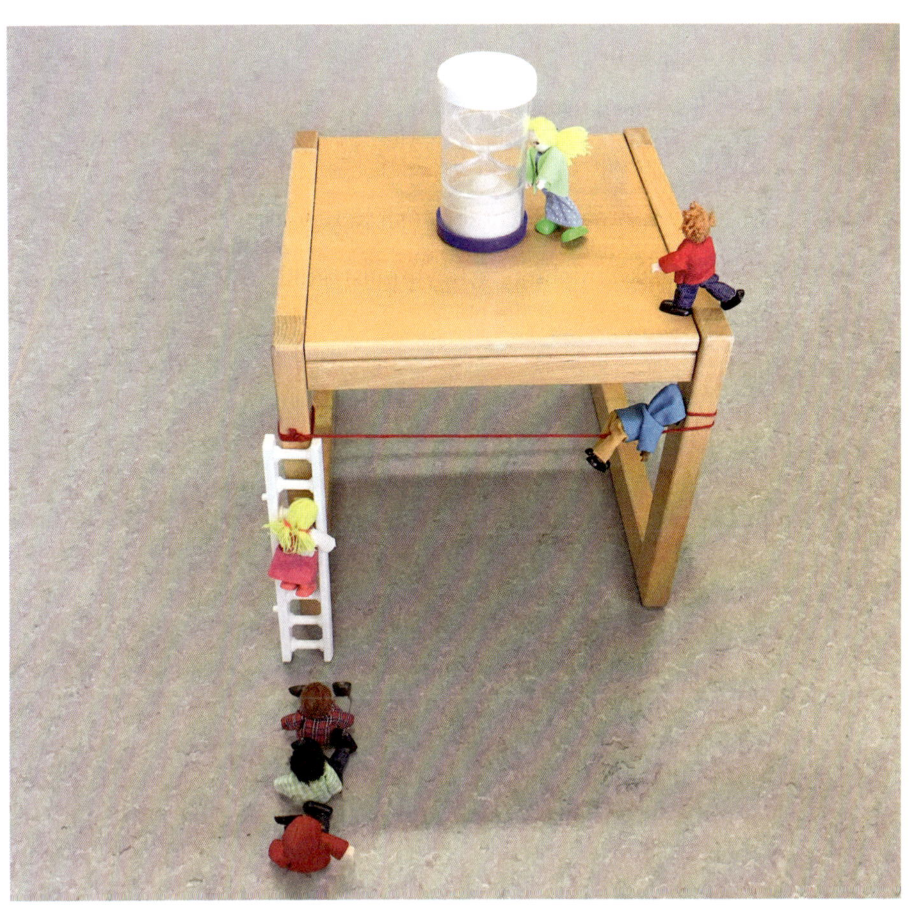

„Hindernisse und Schwierigkeiten sind Stufen, auf denen wir in die Höhe steigen."

Friedrich Wilhelm Nietzsche (1844–1900), deutscher Philosoph und Schriftsteller

Stapelkinder

Alter: ab 5 Jahren

Material: flotte Tanzmusik, Abspielgerät, 1 Stoppuhr oder Uhr mit Sekundenzeiger; evtl. drei bis vier Tische

Organisationsform: Klein-oder Großgruppe

Zeitaufwand: 2–3 Minuten

Spielort: Stuhlkreis

Schwerpunkt: Visuelle Wahrnehmung, Rhythmusgefühl, Reaktion, Schnelligkeit, Motorik, Kampfgeist und Siegeswille

Spielverlauf:

Jedes zweite Kind holt sich einen Stuhl und bildet mit den anderen einen Stuhlkreis.

Zum Rhythmus der Musik laufen alle Kinder vergnügt zwischen den Stühlen herum. Stoppt die Musik, sucht sich jedes Kind so schnell wie möglich einen freien Stuhl. Diejenigen Kinder, die jetzt keinen freien Stuhl finden können, setzen sich auf den Schoß eines Kindes, das einen Platz im Stuhlkreis ergattern konnte.

Sitzen alle Paare innerhalb einer Minute auf jeweils einem Stuhl? Falls nicht, fängt das Spiel von vorne an.

Variante:

Je nachdem, wie viele Kinder mitspielen, werden drei bis vier Tische im Raum verteilt.

Die Kinder laufen im Takt zur Musik zwischen den einzelnen Tischen herum. Stoppt die Musik, krabbelt jedes Kind so schnell wie möglich unter einen freien Tisch. Es darf sich jedoch lediglich eine bestimmte Anzahl an Kindern unter jedem Tisch befinden, die sich nach der Teilnehmerzahl richtet und von der Spielleitung bekanntgeben wird. Zudem sollen sich die Kinder unter den Tischen gegenseitig umarmen. Hierfür haben die Kinder jedoch wieder nur eine Minute Zeit, um die Aufgabe korrekt zu erfüllen.

Bei diesem Spiel müssen die Kinder intensiv miteinander in Kontakt treten und dabei nicht lange fackeln, um gemeinsam ein Ziel zu erreichen.

Naturkatastrophe entkommen

Alter: ab 5 Jahren

Material: 1 Handtrommel, 1 Stoppuhr oder Uhr mit Sekundenzeiger

Organisationsform: Klein- oder Großgruppe

Zeitaufwand: 3–5 Minuten

Spielort: Stuhlkreis

Schwerpunkt: Auditive und visuelle Wahrnehmung, Reaktion, Schnelligkeit, Motorik, Kampfgeist und Siegeswille

Spielverlauf:
Die Kinder bilden einen Stuhlkreis und sollen nun im wahrsten Sinne des Wortes die eine oder andere Naturkatastrophe überwinden.
Zu Beginn laufen sie einzeln im Innenkreis herum. Sobald jedoch die Spielleitung einmal kräftig trommelt, bleiben sie alle stehen und machen je nachdem, welche Naturkatastrophe die Spielleitung ankündigt, Folgendes:

Erdbeben: *Sich auf den Boden setzen.*
Hochwasser: *Auf die Stühle steigen.*
Hurrikan: *Auf die Stühle setzen und sich gegenseitig die Hände geben.*

Bei jeder Naturkatastrophe haben die Kinder nur fünf Sekunden Zeit, um richtig zu agieren. Das Spiel ist aus, sobald die Kinder die vorgegebene Zeit überschreiten oder drei Minuten lang alle Aufgaben gemeinsam gut meistern können.

Variante:
Die Kinder bilden zwei Stuhlkreise und treten als Teams gegeneinander an. Diejenige Gruppe, die als Team am schnellsten eine Aufgabe korrekt meistert, hat die Spielrunde gewonnen. Dasjenige Team, das als Erstes drei Spielrunden besonders schnell meisterhaft erledigt hat, ist Sieger!

Das Spiel ähnelt dem altbekannten Spiel „Feuer, Wasser, Sturm!". Dadurch, dass alle Kinder innerhalb einer bestimmten Zeit nur gemeinsam einer „Naturkatastrophe" entkommen können, wird der Wille im Team, die Herausforderung zu meistern gestärkt.

Alle(s) wieder da?

Alter: ab 5 Jahren

Material: persönliche Dinge von den Kindern, 1 Stoppuhr oder Uhr mit Sekundenzeiger

Organisationsform: Klein- oder Großgruppe

Zeitaufwand: 5 Minuten

Spielort: Stuhlkreis

Schwerpunkt: Visuelle Wahrnehmung, Merkfähigkeit, Reaktion, Schnelligkeit, Kampfgeist und Siegeswille

Spielverlauf:

Die Kinder sitzen zusammen im Stuhlkreis. Eines der Kinder beginnt und legt etwas Persönliches in die Kreismitte. Das kann z. B. ein Paar Schuhe, ein Halstuch oder gar ein Glücksstein sein, den es zufällig in der Hosentasche hat. Die Kinder tragen so nun der Reihe nach im Uhrzeigersinn etwas Schönes für das Spiel bei.

Auf ein Startkommando der Spielleitung hin nimmt dasjenige Kind, das das Spiel begonnen hat, etwas Schönes an sich, das ihm nicht gehört. Es geht auf seinen Platz zurück und läuft dann im Slalom so lange um die einzelnen Stühlen links im Kreis herum, bis es dasjenige Kind erreicht, dem seiner Meinung nach den Gegenstand gehört. Stimmt die Vermutung, tauschen beide ihre Plätze und das betreffende Kind holt sich etwas Neues, das es auf die gleiche Weise dem Besitzerkind übergibt. Sollte jedoch das erste Kind in seiner Annahme falsch liegen, läuft es wieder auf seinen Platz zurück und hält dann nach dem Besitzerkind Ausschau, das sich nun per Handzeichen zu erkennen geben darf. Danach läuft es wieder im Slalom so lange zwischen den Stühlen im Uhrzeigersinn herum, bis es das betreffende Kind erreicht hat.

Das Spiel ist aus, sobald die Spielzeit nach fünf Minuten abgelaufen ist oder alle Kinder früher als gedacht wieder im Besitz ihrer Sachen sind.

Variante:

Das Spiel verläuft so wie bereits beschrieben. Jedes Kind hat jedoch nur zwanzig Sekunden Zeit, um dem Besitzer seinen Gegenstand zurückzugeben. Sollte eines der Kinder mehr Zeit benötigen, fängt das Spiel bei einem anderen Kind von vorne an.

Bei dem Spiel spielt das Team gegen die Zeit. Dabei müssen die einzelnen Teammitglieder auch noch Hindernisse bzw. Stühle in Kauf nehmen, die eine zusätzliche Herausforderung darstellen.

Das Team hat das Spiel gewonnen, wenn am Ende mehr als die Hälfte aller Teammitglieder die Aufgabe innerhalb 20 Sekunden gemeistert hat.

Hindernis-Kegelrunde

Alter: ab 5 Jahren

Material: für jedes zweite Kind 1 Kegel; Bowlingkugel, 1 Stoppuhr oder Uhr mit Sekundenzeiger

Organisationsform: Klein- oder Großgruppe, gerade Anzahl

Zeitaufwand: 5 Minuten

Spielort: Turnhalle, Raum oder Außengelände

Schwerpunkt: Visuelle Wahrnehmung, Kommunikation, Schnelligkeit, Konzentration, Raumorientierung, Augen-Hand-Koordination, Kampfgeist und Siegeswille

Spielverlauf:
Die Hälfte der Gruppe stellt sich im Halbkreis ein paar Meter vor den übrigen Kindern auf, die ihre Beine leicht gespreizt aufgestellt haben, sodass die Spielleitung zwischen den Beinen jeweils einen Kegel aufstellen kann.
Das erste Kind im Halbkreis holt sich eine Bowlingkugel, die es in Richtung eines Kegels rollt. Dasjenige Kind, in dessen Richtung die Kugel rollt, darf vom Platz aus die Kugel mit dem Fuß abwehren. Dabei muss es jedoch aufpassen, dass der Kegel zwischen seinen Beinen nicht umstürzt. Unabhängig davon, ob ein Kegel auf den Boden fällt oder nicht, rollt dann die Spielleitung dem zweiten Kind im Halbkreis die Kugel zu, mit der dies ebenfalls versucht, einen Kegel zu treffen.
Auf diese Weise geht es so lange weiter, bis kein Kegel mehr zwischen den Beinen eines Kindes steht oder die Zeit nach fünf Minuten abgelaufen ist.
Danach werden die Rollen getauscht, sodass das zweite Team sein Glück versuchen darf. Dasjenige Team, das am Ende die meisten Kegel umwerfen konnte, gewinnt das Spiel.

Variante:
Im Gegensatz zu dem o. g. Spiel sollen die Kegel zwischen den Beinen möglichst nicht getroffen werden. Dennoch muss die Kugel in Richtung der Kinder rollen, ansonsten wird der Schütze für das Spiel disqualifiziert. Sieger ist am Ende das Team, das möglichst viele Kegel innerhalb von fünf Minuten noch vor sich stehen hat.

Die Kinder müssen hier Hand in Hand schnell zusammenarbeiten, damit sie als Team möglichst alle Kegel, die zwischen den Beinen der anderen stehen und so von diesen in Schutz genommen werden, zu Fall bringen können.

Straßenbahn

Alter: ab 6 Jahren

Material: für jeweils zwei Kinder 1 Rollbrett; 1 Stoppuhr oder 1 Uhr mit Sekundenzeiger, 1 Trillerpfeife

Organisationsform: Partnerübung

Zeitaufwand: 3 Minuten

Spielort: Turnhalle

Schwerpunkt: Visuelle und auditive Wahrnehmung, Raumorientierung, Konzentration, Motorik, Ausdauer, Kampfgeist und Siegeswille

Spielverlauf:
Immer zwei Kinder holen sich ein Rollbrett, das sie auf die Bodenmarkierung bzw. auf die Spielfeldmarkierung für Turnhallen stellen. Jedes Paar setzt sich Rücken an Rücken auf sein Rollbrett.
Auf los, geht's los! Das vorderste Kind nimmt Fahrt auf, indem es das Rollbrett nach vorne schiebt. Dabei darf es jedoch nicht die Schienen bzw. Bodenmarkierung mit seiner „Straßenbahn" verlassen. Welches Paar schafft das so lange, bis die Spielzeit nach drei Minuten beendet ist bzw. der Schlusspfiff durch die Spielleitung erfolgt?
Danach tauschen die Kinder ihre Rollen und starten eine neue Spielrunde.

Variante:
Das Spiel verläuft wie oben beschrieben, jedoch sollen die Rollbretter, sobald die Spielleitung pfeift, angehalten werden. Welches Team meistert die Aufgabe besonders gut? Dasjenige Team, das nach fünf Pfiffen immer noch seine „Straßenbahn" zum Stoppen bringt, ist Sieger!

Auch dieses Spiel zeigt, dass man trotz kleiner Schwierigkeiten, die ja zum Alltag gehören, jederzeit wieder loslegen und gemeinsam erfolgreich weitermachen kann.

Schlangenjagd im Urwald

Alter: ab 6 Jahren

Material: 1 Softball, kleine Hindernisse wie z. B. Hügelkuppen und Fluss-Steine aus Plastik, 1 Stoppuhr oder Uhr mit Sekundenzeiger

Organisationsform: Kleingruppe; evtl. Großgruppe

Zeitaufwand: 3–5 Minuten

Spielort: Turnhalle

Schwerpunkt: Visuelle Wahrnehmung, Augen-Hand-Koordination, Reaktion, Motorik, Schnelligkeit, Kampfgeist und Siegeswille

Vorbereitung:
Die Spielleitung bestimmt ein übersichtliches Spielfeld, das sie mit vier Markierungskegeln kennzeichnen kann. Im Spielfeld verteilt sie die o. g. Hindernisse. Fertig ist der Urwald.

Spielverlauf:
Alle Kinder mit Ausnahme von einem bilden ein Team und geben sich gegenseitig die Hände, sodass eine lange Schlange entsteht. Das einzelne Kind holt sich einen Softball und stellt sich auf das Spielfeld.
Während nun die „Schlange" im Urwald bzw. auf dem Spielfeld herumläuft, versucht das Kind vom Platz aus die „Schlange" mithilfe des Balls zu treffen.
Sollte das Vorhaben scheitern, rollt die Spielleitung den Ball zum Kind zurück, sodass dieses abermals von seinem Standort aus sein Glück versuchen darf. Die Kinder, die die Schlange bilden, dürfen sich während des Spielverlaufs weder gegenseitig loslassen noch ein Hindernis, das ein Pflanze darstellt, überspringen. Wird das Team eine Minute lang durchhalten und letztendlich dem Schlangenjäger entkommen können?
Unabhängig davon, darf sich in der nächsten Spielrunde ein anderes Kind mithilfe des Balls auf Schlangenjagd machen.

Mithilfe dieses Ballspiels lernen die Kinder sich trotz diverser Hindernisse gemeinsam einer bestimmten Herausforderungen zu stellen und dabei das Beste zu geben.

Variante:
Es werden drei bis vier Schlangen gebildet, sodass mehrere Teams entstehen. Dasjenige Kind, das den Ball in der Hand hat, versucht möglichst schnell auf die einzelnen Schlangen zu zielen. Welches Team wird wohl am längsten durchhalten können?

Trotz Hindernissen zurückkommen

Alter: ab 6 Jahren

Material: 1 Augenbinde oder blickdichtes Tuch; evtl. 2 Augenbinden

Organisationsform: Klein- oder Großgruppe

Zeitaufwand: 3–5 Minuten

Spielort: Stuhlkreis

Schwerpunkt: Auditive und taktile Wahrnehmung, Raumorientierung, Aufmerksamkeit, Konzentration, Kampfgeist und Siegeswille

Spielverlauf:
Die Kinder bilden einen Stuhlkreis. Während sich nun ein Kind in der Kreismitte von der Spielleitung die Augen verbinden lässt, stellen sich alle Kinder direkt vor ihren Stühlen hin und geben sich gegenseitig die Hände, jedoch nicht dort, wo sich der Platz des Kindes befindet.
Das Kind soll nun blind seinen Platz finden und sich dann direkt vor seinen Stuhl stellen. Die Gruppe versucht, das Kind auf den richtigen Weg zu bringen, indem alle entweder „Kalt!" oder „Warm!" rufen. Sobald jedoch das Kind vor seinem Stuhl steht und seinem linken und rechten Nachbarkind die Hand reichen kann, ist das Spiel beendet.

Variante:
Die Kinder stehen vor ihren Stühlen im Kreis. Zwei Stühle jedoch, die nebeneinander auf der Kreisbahn stehen, gehören den zwei Kindern in der Kreismitte. Die beiden Kinder lassen sich von der Spielleitung die Augen verbinden und versuchen, so wie im vorherigen Spiel beschrieben, nun Hand in Hand ihre beiden Plätze zu finden und sich zu der Gruppe zu stellen.

Wenn man erfolgreich im Team zusammenarbeiten möchte, darf man sich nicht nur auf seine Augen verlassen. Vielmehr sollen auch die anderen Sinne zum Einsatz kommen, sodass man selbst bei kleinen Hindernissen, die einem in den Weg gestellt werden können, nicht gleich außer Kontrolle gerät.

Von Stuhl zu Stuhl

Alter: ab 6 Jahren

Material: 1 Klangschale

Organisationsform: Partnerübung

Zeitaufwand: 2–3 Minuten

Spielort: Stuhlkreis

Schwerpunkt: Auditive Wahrnehmung, Konzentration, Ausdauer, Motorik, Kampfgeist und Siegeswille

Die Kinder bilden einen engen Stuhlkreis und suchen sich jeweils ein Partnerkind aus. Während sich nun das erste Kind auf einen Stuhl begibt, stellt sich das zweite Kind im Innenkreis direkt neben dem ersten Kind hin, um diesem die Hand zu reichen.
Während die Spielleitung die Klangschale erklingen lässt, machen die Kinder auf den Stühlen einen großen Schritt rechts im Kreis herum, sodass sie dann wieder auf jeweils einem Stuhl stehen. Dabei werden sie von ihren Partnerkindern begleitet. Die Kinder bleiben so lange auf den Stühlen stehen, bis erneut die Klangschale erklingt.
Auf diese Weise geht es immer weiter, bis alle Kinder einmal rechts im Kreis herum entweder auf den Stühlen oder im Innenkreis gegangen sind und ihren ursprünglichen Stuhl erfolgreich wieder erreicht haben.
Danach findet ein Rollenwechsel statt.

Variante:
Das Spiel verläuft so ähnlich wie oben beschrieben. Allerdings dürfen die Kinder auf ihren Stühlen, sobald die Spielleitung die Klangschale erklingen lässt, einen Schritt rückwärts im Uhrzeigersinn auf den Stuhl, der sich hinter ihnen befindet, machen. Dabei werden sie von ihren Partnerkinder begleitet, die passend dazu einen großen Schritt rückwärts links im Innenkreis herum machen.

Ein Spiel, bei dem die Kinder auf den Stühlen Schritt für Schritt mithilfe ihres Partnerkinds Hindernisse, die in diesem Fall die Stühle darstellen, überwinden dürfen.

Erfolgsleiter hinaufklettern

Alter: ab 6 Jahren

Material: 2 Sprossenwände, 1 Sprungkasten, 1 Turnmatte, 1 Weichbodenmatte

Organisationsform: Kleingruppe

Zeitaufwand: für jedes Kind 1 Minute Spielzeit

Spielort: Turnhalle

Schwerpunkt: Selbstwahrnehmung, Motorik, Konzentration, Ausdauer, Kampfgeist und Siegeswille

Vorbereitung:
Die Spielleitung stellt einen Sprungkasten so vor der Sprossenwand hin, dass dazwischen Platz zum Durchkriechen bleibt. Auf den Sprungkasten stellt sie eine Turnmatte, die sie auf der linken und rechten Seite der Sprossenwand einklemmt, sodass ein halbkreisförmiger Tunnel entsteht. Daneben befindet sich die zweite Sprossenwand, vor der sie eine Weichbodenmatte auf den Boden platziert.

Spielverlauf:
Die Kinder bilden vor der ersten Sprossenwand eine Schlange, krabbeln nacheinander zwischen Sprossenwand und Kasten durch und steigen dann auf den Sprungkasten, um den darauf stehenden Tunnel zu überwinden. Damit das gelingt, müssen sie so lange die Sprossenwand hochklettern, bis sie aus dem Tunnel herauskommen. Dort angekommen, steigen sie auf die zweite Sprossenwand und klettert so lange weiter, bis sie die letzte Sprosse erreicht haben. Wer möchte, darf nun von ganz oben auf die Weichbodenmatte springen oder einfach wieder Sprosse für Sprosse nach unten klettern. Die übrigen Kinder können dabei dasjenige Kind, das gerade an der Reihe ist, kräftig anfeuern und ihm somit Mut machen. Jedes Kind, das die Aufgabe von Anfang bis zum Ende meistert, verhilft dem Team zum Sieg. Das Kletterspiel ist gewonnen, sobald mehr als die Hälfte der Kinder die letzte Sprosse der zweiten Sprossenwand erreicht hat.

Variante:
Das oben beschriebene Spiel verläuft umgekehrt, indem die Kinder auf der letzten Sprosse der zweiten Sprossenwand der Reihe nach starten und schließlich irgendwann direkt vor dem Sprungkasten wieder ankommen.

Die Leistungsbereitschaft, das Durchhaltevermögen und die Ausdauerbereitschaft von jedem einzelnen Teammitglied ist ausschlaggebend dafür, ob ein Team das miteinander vereinbarte Ziel letztendlich erreicht oder nicht.

Balltänzer/in

Alter: ab 7 Jahren

Material: 1 Gymnastikball; evtl. 2–3 Gymnastikbälle

Organisationsform: Kleingruppe; evtl. Großgruppe

Zeitaufwand: 1–2 Minuten

Spielort: Turnhalle, Raum oder Außengelände

Schwerpunkt: Visuelle Wahrnehmung, Gleichgewichtssinn, Konzentration, Ausdauer, Kampfgeist und Siegeswille

Spielverlauf:
Eines der Kinder darf sich auf einen großen Gymnastikball stellen.
Die übrigen Kinder haben die Aufgabe, den Ball und das Kind so zu halten, dass es am Ende mit erhobenen Armen auf dem Ball stehen und somit die Siegerposition einnehmen kann.
Danach findet ein Rollenwechsel statt.

Variante:
Die Kinder bilden zwei bis drei gleich große Teams, die jeweils einen Gymnastikball von der Spielleitung erhalten.
Auf ein Kommando der Spielleitung hin darf immer ein Kind von jedem Team auf den Ball steigen, das dann von den anderen Kindern aus seinem Team gehalten wird. Dasjenige Kind, das als Erstes auf dem Ball mit erhobenen Armen steht, verhilft seinem Team zum Sieg.

Alle für einen – einer für alle! Das gilt insbesondere dann, wenn es in einer bestimmten Situation plötzlich schwierig und unbequem wird.

Miteinander ein stimmiges Kunstwerk kreieren

Teambuilding-Spiele zum Kreativsein und Erleben von Teamarbeit

Wer kreativ ist, übernimmt nicht einfach die Denkmuster der anderen, sondern denkt selbst und kann sich schneller auf neue Situationen einstellen. Kreative Menschen verfügen nämlich über eine besondere Sensibilität und ein gutes Sozialverhalten. Sie sind offen für Neues und haben die Fähigkeit, unkonventionell zu denken, um auf neue Ideen zu kommen und dabei auf höchst originelle Weise Probleme zu lösen.

Innovation ist in vielen Unternehmen das häufigste angestrebte Ziel, für das man kreative Köpfe braucht. In jedem von uns steckt ein gewisses kreatives Potenzial, das übrigens bei Kindern allein schon durch ihre kreative Weise, miteinander zu spielen und dabei Ideen zu entwickeln, noch viel stärker als bei Erwachsen vorhanden ist. Das liegt vor allem daran, dass Erwachsene über ein viel breiteres Spektrum an Wissen und Erfahrungen verfügen, sodass sie ungewöhnliche Gedankengänge eher skeptisch betrachten. Wer sich jedoch von alten Denkmustern löst und sein kreatives Potenzial zu nutzen weiß, wird clevere Ideen entwickeln und somit bestimmte Dinge einfach ausprobieren wollen. Dabei können höchst originelle Lösungen entstehen, die neu und zunächst ungewöhnlich sind. Je früher die Kreativität und Fantasie der Kinder gestärkt wird, desto höher ist die Wahrscheinlichkeit, dass Kinder auch im Jugend- und Erwachsenenalter weiterhin für diesen Bereich sehr offen und zugänglich sind.

Im letzten Kapitel soll die Kreativität mithilfe der folgenden Teambuilding-Spiele gestärkt und weiter ausgebaut werden. Die Kinder sollen im Team arbeiten und dabei aus der Routine ausbrechen, indem sie gemeinsam auf tolle Einfälle kommen, miteinander neue Möglichkeiten ins Auge fassen und diese einfach ausprobieren. Dadurch, dass die Spielleitung in das Spielgeschehen nur dann eingreift, wenn es unbedingt erforderlich ist, müssen sie von Anfang an auch selbst kreative Problemlösungen entwickeln. Die Vorteile liegen dabei auf der Hand: Es werden Kommunikation, Konzentration, Einfallsreichtum, soziales Verhalten, Teamgeist und noch mehr Kreativität gefördert.

„Das Fördern jedes Unternehmens beginnt in der Phantasie.“

Prentice Mulford (1834–1891), US-amerikanischer Journalist, Erzieher, Goldgräber und Warenhausbesitzer

Momentaufnahme

Alter: ab 5 Jahren

Material: 1 Fotokamera

Organisationsform: Kleingruppe

Zeitaufwand: 3–5 Minuten

Spielort: Außengelände oder Turnhalle

Schwerpunkt: Taktile und visuelle Wahrnehmung, Fantasie, Kreativität, Konzentration, Ausdauer, soziales Verhalten

Spielverlauf:

Die Kinder bilden einen großzügigen Kreis.

Auf Anweisung der Spielleitung hin schließen alle ihre Augen und gehen mit ausgestreckten Armen aufeinander zu. Die Aufgabe der Gruppe besteht darin, miteinander in Kontakt zu treten und sich gegenseitig auf irgendeine Weise zu berühren.

Erst wenn alle Kinder sich gegenseitig berühren, bittet die Spielleitung die Kinder, ihre Augen zu öffnen. Die Kinder bleiben wie versteinert stehen und schauen nach, auf welche Weise sie miteinander Kontakt aufgenommen haben.

Danach finden zwei bis drei weitere Spielrunden statt, bei denen die Kinder bald merken, dass sie jedes Mal auf eine andere Weise miteinander in Kontakt treten können.

Variante:

Die Kinder bilden zwei gleich große Teams. Die erste Gruppe beginnt und führt das Spiel durch. Die zweite Gruppe beobachtet, wie die einzelnen Kinder zueinander Kontakt aufnehmen und sich schließlich positionieren.

Danach findet ein Rollentausch statt.

Mithilfe dieser Praxisidee lernen die Kinder, dass sie auf unterschiedliche Weise miteinander Kontakt aufnehmen und zusammenarbeiten können, um erfolgreich zu sein.

Fußkunst aus Seilen

Alter: ab 5 Jahren

Material: für jedes Paar 1–2 Gymnastikseile, evtl. für jede Kleingruppe 3 Gymnastikseile

Organisationsform: Partnerübung; evtl. Großgruppe

Zeitaufwand: 3–5 Minuten

Spielort: Turnhalle oder Raum

Schwerpunkt: Visuelle Wahrnehmung, Fantasie, Kreativität, Konzentration, Geduld, Ausdauer, Augen-Fuß-Koordination, soziales Verhalten

Spielverlauf:

Immer zwei Kinder bilden ein Paar und holen sich ein bis zwei Gymnastikseil(e). Sie ziehen ihre Schuhe aus und setzen sich auf den Boden.

Zu zweit dürfen sie nun etwas Schönes mit den Seilen formen. Hierfür dürfen sie jedoch nur mit den Füßen arbeiten.

Nach ein paar Minuten stehen die Paare auf und gehen Hand in Hand um die einzelnen Kunstwerke herum und sind gespannt, was die anderen Paare mithilfe ihrer Seile geformt haben.

Variante:

Die Kinder bilden zwei bis drei gleich große Teams und ziehen ihre Schuhe aus. Jedes Team bildet einen Kreis, in dessen Mitte die Spielleitung stets drei Gymnastikseile legt.

Die Aufgabe der einzelnen Teams besteht darin, etwas Schönes daraus mithilfe der Füße zu legen.

Am Schluss gehen die Kinder um die einzelnen Kunstwerke herum und vergleichen diese miteinander, die durchaus Ähnlichkeiten aufweisen können, jedoch trotzdem höchst individuell sind.

Mithilfe dieses Spieles lernen die Kinder, dass sie nicht nur mit den Händen, sondern auch auf eine andere Weise, wie in diesem Fall mit den Füßen, sehr kreativ miteinander arbeiten können.

Vielfältig und bunt

Alter: ab 5 Jahren

Material: jede Menge Chiffontücher in verschiedenen Farben

Organisationsform: Kleingruppe

Zeitaufwand: 3–5 Minuten

Spielort: Turnhalle oder Raum

Schwerpunkt: Fantasie, Kreativität, Geduld, Ausdauer und visuelle Wahrnehmung

Spielverlauf:
Eines der Kinder setzt sich auf einen Stuhl oder Tisch. Die übrigen Kinder holen sich Chiffontücher und sollen gemeinsam beratschlagen, wie sie am besten das vor ihnen sitzende Kind mit möglichst vielen unterschiedlichen farbigen Tüchern einhüllen können. Sie können z. B. auf den Kopf helle und dann immer dunklere Tücher nacheinander anbringen, sodass sie am Ende verschiedene Farbschichten haben.
Unabhängig davon, wie das Team die Aufgabe löst, befindet sich vor ihnen dann ein farbenfrohes, lebendes „Kunstwerk".

Variante:
Zwei Kinder werden gleichzeitig von der Gruppe, die als Team zusammenarbeitet, mit den Tüchern eingehüllt.
Am Ende gibt es zwei Kunstwerke, die sich voneinander unterscheiden und trotzdem richtig gut kreativ gelöst wurden.

Das Spiel hilft Kindern, nicht nur ein gutes Körperschema aufzubauen, sondern auch höchst kreativ miteinander zu arbeiten und dabei immer wieder neue Ideen zu entwickeln.

Sonnenstrahlen

Alter: ab 5 Jahren

Material: 1 Gymnastikreifen, 1 Klangschale, für jedes Kind 1 Springseil

Organisationsform: Kleingruppe

Zeitaufwand: 3–5 Minuten

Spielort: Turnhalle

Schwerpunkt: Visuelle und auditive Wahrnehmung, Augen-Hand-Koordination, Konzentration, Fantasie, Kreativität, Geduld und Ausdauer

Vorbereitung:
Die Kinder binden jeweils ein Seilende an einem Reifen fest.

Spielverlauf:
Die Kinder nehmen das jeweils andere Ende ihres Seils und halten es zwischen dem Reifen und ihnen locker gespannt fest.
Während nun die Spielleitung die Klangschale anschlägt, gehen sie im Uhrzeigersinn herum und zwar so, dass sich die Seile nicht vom Reifen lösen. Damit das jedoch gelingt, müssen sie als Team zusammenarbeiten und so miteinander im Kreis herumgehen, dass jedes Kind gut mitmachen kann. Sobald jedoch der Klang verstummt ist, drehen sie sich in Richtung Reifen und bleiben wie versteinert stehen. Miteinander betrachten sie die „Sonne“ und sich gegenseitig in der Rolle als Sonnenkinder.
Auf diese Weise finden noch ein paar Durchgänge statt. Dabei werden sie jedes Mal merken, dass sie am Ende stets anderes positioniert sind.

Variante:
Die Kinder bleiben von Anfang an stehen und halten dabei ihr Seil an einem Ende fest. Sobald jedoch die Klangschale erklingt, stellen sie sich auf irgendeine Weise auf ihren Platz hin, indem sie sich z. B. auf ein Bein stellen, etwas in die Hocke gehen oder einfach stehenbleiben.

Auch bei diesem Spiel müssen die Kinder nicht nur als Team kreativ sein, sondern auch gut zusammenarbeiten, damit die „Sonne" scheint.

Bunt und schräg

Alter: ab 5 Jahren

Material: für jedes Kind 1 Malkittel, 1 Malunterlage, 1 Pinsel, 1 Stein und Plakafarben o. Ä.

Organisationsform: Kleingruppe; evtl. Großgruppe

Zeitaufwand: 5–10 Minuten

Spielort: Tisch

Schwerpunkt: Visuelle Wahrnehmung, Fantasie, Kreativität, Augen-Hand-Koordination, Konzentration, Geduld und Ausdauer

Spielverlauf:
Die Kinder ziehen ihre Malkittel an, holen ihre Malutensilien und fangen an ihre Steine zu bemalen. Sie lassen die Farbe trocknen und kommen dann wieder am Tisch zusammen. Sie legen ihre bemalten Steine auf den Tisch.
Sie sollen nun als Team zusammenarbeiten, indem sie mit den Steinen, die sie bemalt haben, ein farbenfrohes Bauwerk erstellen, dass dann so ähnlich wie Hundertwasser und seine Häuser in Wien aussehen kann und somit von den sonst eher langweiligen Betonhäusern extrem abweicht.

Variante:
Die Kinder bilden zwei bis drei gleich große Teams und bauen so wie im vorherigen Spiel beschrieben mithilfe ihrer farbenfrohen Steine jeweils ein Bauwerk, die sie dann miteinander vergleichen. Dabei werden sie nicht nur Gemeinsamkeiten, sondern auch viele Unterschiede feststellen können.

Kreativ sein und selbst aktiv werden macht Spaß. Frischen Wind so wie bei diesem Angebot ins Team bringen, sich von den Ideen der anderen inspirieren lassen und sehen, was daraus noch alles entstehen kann, ist jedoch bei weitem mehr als spannend und interessant.

Namenskette

Alter: ab 5 Jahren

Material: Buchstaben aus Holz, Plastik, Pappe o. Ä.; evtl. 1 Stift und 1 Blatt weißes DIN-A4-Papier

Organisationsform: Kleingruppe

Zeitaufwand: 5–10 Minuten

Spielort: Tisch

Schwerpunkt: Visuelle Wahrnehmung, Kommunikation, Fantasie, Kreativität, Augen-Hand-Koordination, Konzentration, Geduld und Ausdauer

Spielverlauf:

Die Kinder suchen ihre Buchstaben zusammen, damit sie ihren Vornamen schreiben können. Mit den Buchstaben in der Hand stellen sie sich um einen kleinen runden Tisch herum auf.

Die Aufgabe der Gruppe, die nun als Team zusammenarbeiten soll, besteht darin, die Buchstaben auf dem Tisch so zu platzieren, dass jeder am Ende die einzelnen Vornamen lesen kann. Dabei können die Buchstaben nicht nur auf den Tisch hingelegt, sondern auch aufgestellt werden. Außerdem sollen die Vornamen nicht einzeln auf dem Tisch stehen, sondern irgendwie aneinandergereiht und somit miteinander verbunden werden, sodass daraus ein schönes Kunstwerk entsteht.

Variante:

Jedes Kind soll eine Eigenschaft, die es besitzt und in das Team einbringen kann, mithilfe der Buchstaben aus Holz oder dergleichen schreiben bzw. auf dem Tisch präsentieren. Das kann z. B. lustig, schnell oder klug sein. Ansonsten verläuft alles so wie oben beschrieben.

Hinweis:

Die Spielleitung kann den Kindern helfen, indem sie die Wörter, die die Kinder benannt haben, auf ein Papier schreibt.

Indem die Vornamen künstlerisch miteinander verbunden werden, kommt der Teamgedanke zum Ausdruck. Zudem wird durch die Darstellung der Vornamen bewusst gemacht, dass jedes Teammitglied auf höchst individuelle Weise kreativ und dabei auch sehr bereichernd für das Team sein kann.

Viele Hände schaffen ein Kunstwerk

Alter: ab 6 Jahren

Material: für jedes Kind 1 Malkittel, 1 Malunterlage, 1 Blatt weißes DIN-A4-Papier und 1 farbiges DIN-A4-Tonpapier, Wasserfarben, Pinsel, Schwämme, Schere; evtl. für jedes Kind 1 Handvoll Knetmasse

Organisationsform: Kleingruppe

Zeitaufwand: 15–20 Minuten

Spielort: Tisch

Schwerpunkt: Fantasie, Kreativität, Konzentration, Ausdauer und visuelle Wahrnehmung

Spielverlauf:
Die Kinder ziehen ihre Malkittel an, setzen sich um einen Tisch herum und erhalten schließlich von der Spielleitung die o. g. Malutensilien.
Jedes Kind darf selbst entscheiden, wie es sein Kunstwerk beginnt. Es kann z. B. einen Farbtupfer, einen Farbklecks mithilfe eines Schwamms oder eines Pinsels machen. Danach wechseln die Kinder ihre Plätze und machen das, was sie auf den Papieren der einzelnen Kinder vorfinden, auf die gleiche Weise mit der gleichen oder einer anderen Farbe nach. So entstehen verschiedene Kunstwerke, bei denen jedes Kind ausgehend von dem, was bereits ansatzweise vorgegeben wurde, aktiv mitgewirkt hat.
Die Kinder setzen sich dann auf ihren Ausgangsplatz zurück und betrachten ihre ursprünglichen Kunstwerke.
Am Ende dürfen sie ihre Kunstwerke ganz nach Belieben zuschneiden und auf jeweils einem Tonpapier in einer ihrer Lieblingsfarben kleben. Miteinander setzen sie sich in den Stuhlkreis und zeigen nacheinander die einzelnen Kunstwerke her.

Variante:
Jedes Kind bekommt eine Handvoll Knetmasse und beginnt irgendetwas Schönes zu formen. Das geht so lange, bis die Spielleitung die Gruppe bitte, die Knetmasse auf den Tisch zu legen. Die Kinder sollen nun kreativ an jedem Kunstwerk mitwirken, indem sie stets auf Anweisung der Spielleitung hin von einem Platz zum anderen gehen und das vor ihnen liegende Kunstwerk nach Herzenslust bearbeiten.

Künstlerische Angebote, bei denen alle mitwirken, bringen die Ideen im Team zum „Sprudeln“ und fördern somit das kreative Potenzial.

Erst wenn alle Kinder an jedem Kunstwerk mitgewirkt haben, gehen sie zurück auf ihren Platz und sind gespannt, was noch aus ihren ursprünglichen Kunstwerk entstanden sind.

Inspiration

Alter: ab 7 Jahren

Material: für jedes Kind 1 Malkittel, 1 Malunterlage, 1 Keilrahmen oder 1 weißes DIN-A2-Blatt Papier, Pinsel, Acrylfarben

Organisationsform: Kleingruppe; evtl. Großgruppe

Zeitaufwand: 15–20 Minuten

Spielort: Tisch

Schwerpunkt: Visuelle Wahrnehmung, Kommunikation, Fantasie, Kreativität, Geduld und Ausdauer

Spielverlauf:
Die Kinder sitzen um einen Maltisch herum und haben vor sich ihre Malutensilien liegen. Miteinander besprechen sie im Team, aus wie vielen Menschen ein Team mindestens besteht. Wissen alle Kinder, dass ein Team zumindest zwei Personen umfasst, überlegen sie, was sie als Team brauchen, um kreative Ideen entwickeln zu können. Die Antworten können folgendermaßen lauten: „Ruhe!", „Zeit!" und „Schöne Orte!", „Entspannungsmusik!" usw.
Jedes Kind darf etwas Bestimmtes davon malen, indem eines z. B. das Team und ein anderes einen schönen Ort, wie z. B. ein Südseeinsel malt.
Am Ende legen sie das Bild mit dem Team in die Mitte und um das Bild herum die Bilder mit den Dingen, die ihnen helfen, gemeinsam kreativ zu sein.

Variante:
Die Kinder bilden Kleingruppen und führen die o. g. Aufgabe in ihrem Team durch. Am Ende schauen sie nicht nur ihr Ergebnis an, sondern vergleichen es auch mit dem, was die anderen Teams gemacht haben.
Auf diese Weise werden sie auch viele neue Dinge entdecken, die ihnen vielleicht helfen, in Zukunft noch kreativer zu sein.

Wer kreativ sein möchte, braucht Ruhe und Inspiration. Indem die Kinder das künstlerisch darstellen, wird ihnen bewusst gemacht, wie sie ihre Fantasie beflügeln und neue Ideen entwickeln können.

Pausenhof von morgen

Alter: ab 6 Jahren

Material: jede Menge Bausteine

Organisationsform: Kleingruppe

Zeitaufwand: 15–20 Minuten

Spielort: Tisch

Schwerpunkt: Kommunikation, Fantasie, Kreativität, visuelle Wahrnehmung, logisches Denken, Konzentration, Geduld und Ausdauer

Spielverlauf:
Die Kinder arbeiten als Team zusammen und machen sich Gedanken darüber, wie ein Pausenhof der Zukunft ihrer Meinung nach aussehen soll. Sie tragen ihre Vorstellungen zusammen, die keinesfalls realistisch sein müssen. Sie einigen sich auf verschiedene Dinge, wie z. B. einen Sandkasten, ein Flugzeug zum Spielen und Klettern, eine Tischtennisplatte oder gar ein Schwimmbad mit Sprungturm. Sie bauen die Sachen mithilfe von Bausteinen einfach auf. Dabei können sie an einem Bauwerk erst einmal alleine arbeiten, bevor sie jemanden um Hilfe bitten, der gegebenenfalls das Bauwerk durch seine Ideen bereichern kann. Erst wenn alle mit dem entstandenen Pausenhof einverstanden sind, setzen sie sich zusammen und besprechen, weshalb vielleicht manche Dinge schön, jedoch auch sehr unrealistisch sein können. So braucht man z. B. für ein Schwimmbad mit Sprungturm nicht nur viel Platz, sondern auch Personal, das die Kinder während des Schwimmens betreut.

Variante:
Anstelle eines Pausenhofs können die Kinder im Team überlegen, wie z. B. ein Spielplatz oder gar ein Klassenzimmer in ihren Augen aussehen sollte. Danach verläuft alles so wie oben beschrieben.

Bei dieser Praxisidee sollen die Kinder im Team tolle Zukunftsvisionen entwickeln und so auf kreative Spiel- und Lernorte kommen, die es vielleicht zum Teil auch schon gibt.

Bunter Strauß voll Fantasie

Alter: ab 7 Jahren

Material: verschiedene Blumen, 1 Blumenvase, 1 Klangschale, 1 Bindfaden

Organisationsform: Kleingruppe

Zeitaufwand: 5–10 Minuten

Spielort: Tisch

Schwerpunkt: Visuelle und akustische Wahrnehmung, Fantasie, Kreativität, Konzentration, Geduld und Ausdauer

Spielverlauf:
Die Spielleitung verteilt auf einem Tisch verschiedene Blumen, wobei eine bestimmte Blumenart auch mehrmals vorhanden sein kann.
Die Kinder gehen langsam um den Tisch herum und betrachten die Blumenvielfalt. In Gedanken suchen sie sich jeweils eine Blume aus. Sobald jedoch die Spielleitung die Klangschale erklingen lässt, bleiben alle Kinder stehen. Die Spielleitung ruft nacheinander die einzelnen Kinder auf, die sich jeweils eine Blume vom Tisch nehmen dürfen. Sobald jedes Kind eine Blume in den Händen hält, sollen sie als Team beratschlagen, wie der Blumenstrauß aussehen soll, den die Spielleitung auf ihre Anweisung hin dann bindet. Wurde der Strauß fertig gebunden, teilt die Spielleitung den Kindern mit, dass jede Blume zum Strauß genauso wie jedes Kind zum Team gehört. Jedes Kind ist einzigartig und bringt unterschiedliche kreative Fähigkeiten mit, die im Team genutzt werden können. Auf diese Weise entsteht ein bunter Strauß voll Fantasie.

Variante:
Im Gegensatz zu dem oben beschriebenen Spiel, ordnet die Spielleitung auf Anweisung des Teams die Blumen z. B. herz- oder kreisförmig auf dem Tisch an.

Indem die Kinder jeweils eine Blume haben und gemeinsam überlegen, wie der Blumenstrauß aussehen soll, können sie nicht nur ihre Ideen im Team einbringen, sondern sich auch von den Ideen der anderen inspirieren lassen, sodass immer wieder neue interessante und höchst kreative Möglichkeiten gefunden werden können.

Anhang

Register

Literatur

Bechheim, Yvonne (2016): Erfolgreiche Kooperationsspiele: Soziales Lernen durch Spiel und Sport. Wiebelsheim: Limpert.

Cech-Wenning, Stephanie (2018): Wir werden eine Klassengemeinschaft: Soziales Lernen in der Grundschule - mit zahlreichen Kopiervorlagen. Mülheim an der Ruhr: Verlag an der Ruhr.

Erkert, Andrea (2008): So verstehen wir uns gut!: Kooperative Spiele für Vorschulkinder. Freiburg im Breisgau: Herder.

Erkert, Andrea (2009): Streiten, helfen, Freunde sein: Spiele, Lieder und anregende Angebote zur Förderung von Toleranz, emotionaler und sozialer Kompetenz in Kindergarten und Grundschule. Aachen: Ökotopia.

Grabe, Astrid und Dosch, Elke (2014): 77 Ideen - Soziales Lernen in der Grundschule: Praxisratgeber mit Spielen und Materialien. Mülheim an der Ruhr: Verlag an der Ruhr.

Kurt, Aline (2015): 30x soziales Lernen für 45 Minuten - Klasse 1/2: Fertige Stunden zur Förderung der Sozialkompetenz. Mülheim an der Ruhr: Verlag an der Ruhr.

Orlick, Terry (2007): Zusammen spielen - nicht gegeneinander!: 150 kooperative Spiele für Kinder. Mülheim an der Ruhr: Verlag an der Ruhr.

Petillon, Hanns (2017): Soziales Lernen in der Grundschule - das Praxisbuch. Weinheim: Beltz.

Portmann, Rosemarie (2012): Die 50 besten Spiele für ein faires Miteinander. München: Don Bosco.

Portmann, Rosemarie (2008): Die 50 besten Spiele für mehr Sozialkompetenz. München: Don Bosco.

Stockert, Nobert (2013): Die 50 besten Kooperationsspiele. München: Don Bosco.

Wierz, Jakobine (2011): Kinder werden eine Gruppe: Gruppenentwicklung spielerisch fördern, unterstützen und begleiten. Aachen: Ökotopia.

Über die Autorin

Andrea Erkert ist Erzieherin, Entspannungspädagogin und Fachlehrerin einer Grundschulförderklasse in der Nähe von Stuttgart und verfügt über mehrjährige Berufserfahrung als Leiterin einer 5 gruppigen Kita. Seit über 30 Jahren bietet sie im In- und Ausland praxisnahe Workshops und Elternabende in Kindergärten und Grundschulen zu verschiedenen pädagogischen Themen an. Nicht zuletzt hat sie sich als Autorin spielpädagogischer Bücher einen Namen gemacht. Die Autorin hat bereits zahlreiche spielpädagogische Bücher veröffentlicht, von denen die meisten in mehreren Sprachen übersetzt wurden. Inzwischen gehören ihre Veröffentlichungen zur Standardausstattung vieler Kinderkrippen und Kindergärten und werden auch in Horten und für den Anfangsunterricht häufig eingesetzt.

Sie können Andrea Erkert für Workshops und Elternabende u. a. zu dem Thema „Teamfähigkeit fördern" in Ihren Kindergarten oder in Ihre Schule einladen:

andrea.erkert_florida-sun@t-online.de
Tel.: 07191 908357
Mobil: 0151 18533976

Raum für Notizen

Raum für Notizen

Raum für Notizen

Raum für Notizen

Raum für Notizen

Raum für Notizen

Raum für Notizen

Soziales Lernen und Entspannung in Kita und Grundschule

Dieter Krowatschek / Gordon Wingert / Gita Krowatschek

Soziales Lernen – pur!

Beliebte Übungen für die Arbeit in Gruppen

„Die durchdachten und wohlerprobten Übungen und Methoden beinhalten Neues und Bekannt-Bewährtes und scheinen mir zieldienlich zur Anbahnung und zum Aufbau sozialer Kompetenzen im pädagogischen Alltag. Sie sind vermutlich kein Allheilmittel und werden ihre Grenzen haben, wenn es um SchülerInnen mit hohem psycho-sozialen Förderbedarf geht. Sie dienen aus meiner Sicht eher dazu, Kinder zu lehren zum Brunnen zu gehen als dass sie Methoden oder Handwerkszeug zur Verfügung stellen, wenn das Kind – die Kinder und jugendlichen bzw. die Klassensituation – in den Brunnen gefallen ist, sie dort wieder herauszuholen, da werden weitere Konzepte und Maßnahmen erforderlich sein.

Ich wünsche dem Buch viele LeserInnen, die es nicht nur als Sammlung von schnell einsetzbaren Tools nutzen, sondern im Sinne der AutorInnen in ein Konzept von sozialem Lernen als Grundlage ihres schulischen und pädagogischen Handelns in ihre tägliche Unterrichtsgestaltung einbetten. Geeignet scheint es mir für den Einsatz vorrangig in Grund- und Förderschulen sowie in den unteren Stufen weiterführender Schulen."
Cornelia Tsirigotis, systhema

4. Aufl. 2019, 224 S., 16x23cm, Klappenbroschur, Alter: 6–66

ISBN 978-3-942976-22-0 | Bestell-Nr. 9421 | 18,80 Euro

Dagmar Pflug

Sich-fühlen • mit-fühlen • wohl-fühlen

Methodenhandbuch zur Thematisierung von Gefühlen
14 Gefühlskarten für die Arbeit mit Kindern und Jugendlichen

„Wie geht es dir gerade?"
Wenn andere meine Gefühle ernstnehmen, so gelingt mir dies auch viel besser, und ich fühle mich angenommen in der Gemeinschaft – eine wesentliche Voraussetzung für soziales Lernen und Anpassungsbereitschaft.

Dieses Handbuch enthält neben 14 Gefühlskarten klar verständliche (Spiel-) Anleitungen, um Gefühle zum Thema zu machen. Sie sind gezielt einsetzbar, um das Gruppen- und Arbeitsklima zu verbessern, das Selbstbewusstsein und die Wahrnehmung zu fördern, die sozialen Kompetenzen zu stärken, Konflikte zu bearbeiten, und sie dienen der Gewaltprävention.

Die Arbeit mit den Karten ist einfach, macht Spaß und erfordert kaum Vorbereitung – sie sind mit den Beschreibungen der spielerischen Übungen wertvolles Handwerkszeug für die Arbeit in Schule, Kindergarten, Hort oder ähnlichen Gruppengefügen.

3. Aufl. 2019, 48 S., 14 farbige Gefühlskarten zum Ausschneiden, UV-beständiger Drucklack, Format DIN A5, Ringbindung, Alter: 5–18

ISBN 978-3-942976-03-9 | Bestell-Nr. 9448 | 16,80 Euro

Dieter Krowatschek / Uta Theiling

Geschichten von der Fly

Entspannung für unruhige, unauffällige, übermütige und ängstliche Kinder

„Manchmal helfen ganz einfache Dinge, um sich zu entspannen. Zum Beispiel die ‚Geschichten von der Fly'. Jede Vorlesegeschichte ist eingebunden in eine Einstimmungs- und Rücknahmephase. Das Buch nutzt Mechanismen des autogenen Trainings und kann erfolgreich auch von Eltern oder Erzieherinnen genutzt werden, die unerfahren in dieser Technik sind. Neben den Geschichten enthält es Informationen zum Thema Entspannung und zur Wirkungsweise des autogenen Trainings. Beigelegt ist eine Musik-CD mit ruhiger Instrumentalmusik. ‚Die Geschichten von der Fly' helfen auch dem achtjährigen Adrian, um zur Ruhe zu kommen.' Besonders seit er in der Schule ist, hat er Probleme beim Einschlafen. Er kommt nicht raus, aber er liegt ein bis zwei Stunden wach im Bett", berichtet seine Mutter Christiane R. In der Ergotherapie hat er gelernt, seine Unruhe mit ‚Schattenboxen' oder ‚Äpfel pflücken' etwas in den Griff zu bekommen. ‚Er spürt selbst, wenn ihm was gut tut', erzählt seine Mutter. Außerdem liest sie ihm Flys Erlebnisse vor, wodurch das Einschlafen besser klappt." wirbelwind, JAKO-O

4. Aufl. 2019, 192 S., ganzseitige farbige Abb., Beigabe: Audio-CD (identisch mit der Musik aus „Mit dem Zauberteppich unterwegs"), Format 16x23cm, fester Einband | Alter: 5–12

ISBN 978-3-938187-50-0 | Bestell-Nr. 9400 | 26,80 Euro

Dieter Krowatschek / Caroline Reid

Die Fly reist um die Welt

Neue Entspannungsgeschichten für unruhige, unauffällige, übermütige und ängstliche Kinder

„Die vielen liebevollen Illustrationen sind sehr farbenfroh und mitreißend. Sie laden sofort zum Blättern und Schmökern ein. Sie sind für ganz besondere Kinder mit ADS oder anderen Aufmerksamkeitsstörungen bestens geeignet und machen diese Werke zu nützlichen Werkzeugen und gleichzeitig vergnüglichen Geschichten." A.-Chr. Lanari, Düsseldorfer Lesefreunde

„Absolut empfehlenswert!" Barbara Zeipper, ergotherapie (A)

„Das Buch eignet sich in Schulklassen, Kindergärten bzw. -gruppen sowie zum Vor- und Selberlesen in ganz unterschiedlichen pädagogischen und therapeutischen Kontexten. Selbst die letzte Geschichte ‚Die Fly hat einen Traum' und es um den Tod der Hündin geht, hat etwas Tröstliches, sollte aber mit Bedacht und Vorbereitung ausgewählt werden. Ansonsten sind die übrigen Geschichten unvermittelt einsetzbar. Das Buch ist unbedingt zu empfehlen und wird Kindern unterschiedlicher Bedürfnisse helfen, mit ihrer Unruhe und ihren Ängsten besser klarzukommen." Detlef Rüsch, amazon.de

3., unveränderte Auflage 2018, 200 S., farbige Abb., Format 16x23cm, fester Einband | Alter: 5-12

ISBN 978-3-938187-73-9 | Bestell-Nr. 9422 | 22,80 Euro

vml verlag modernes lernen

Schleefstraße 14, D-44287 Dortmund
Telefon 02 31 12 80 08, Fax 02 31 12 56 40
E-Mail: info@verlag-modernes-lernen.de
Leseproben und Bestellen im Internet: www.verlag-modernes-lernen.de

Bestseller – fundiert und praxistauglich

BEST SELLER

Filip Caby / Andrea Caby

Die kleine Psychotherapeutische Schatzkiste • Teil 1

Tipps und Tricks für kleine und große Probleme vom Kindes-, Jugend- und Erwachsenenalter

„Das handliche Buch ist hervorragend geeignet, immer wieder eine einzelne Intervention herauszugreifen, sich mit ihr zu beschäftigen und zu üben. Dabei erheben die Cabys getreu dem systemisch-lösungsorientierten Ansatz keineswegs den Anspruch, das allein selig machende Rezept erfunden zu haben. Sie sprechen freundliche Einladungen aus, was daraus wird, bleibt jedem selbst überlassen. Wahre Kompetenz lässt sich nicht verbergen. Deshalb mein Tipp: Greifen Sie zu, lassen Sie die exzellenten Anregungen wirken und probieren Sie aus, was Ihnen schmeckt. Finden Sie ganz im Sinne Milton Ericksons die Lösungen, von denen Sie NOCH nicht wissen, dass Sie sie kennen!" Monika Bohn, Oberursel

„Meines Erachtens darf dieses kompakte Sammelsurium 'spannender und aufregender' Interventionen in keinem Bücherregal eines Praktikers fehlen. Insgesamt kann ich konstatieren, dass das Buch ‚up-to-date' ist auf dem systemischen Büchermarkt." Dennis Bohlken, systemagazin.

4., überarb. und erw. Auflage 2017, 224 S., Format 16x23cm, Ringbindung

ISBN 978-3-942976-18-3 | Bestell-Nr. 9403 | 19,95 Euro

BEST SELLER

Felicitas Bergmann / Delphine Bergmann

Krimskrams und Co.

Besondere und alltägliche Gegenstände in der Kindertherapie und Elternberatung

Wer „Schatzkisten" hat braucht auch „Krimskrams" ...

„Beide Autorinnen wenden sich aus der Praxisperspektive an die Leserschaft. Man erkennt es bereits beim Querlesen an dem Ideenreichtum und der eingängigen Struktur. Der Aufbau des Nachschlagewerkes ist selbsterklärend und einfach. ...Als angehende Verhaltenstherapeutin für Kinder- und Jugendlichenpsychotherapie möchte ich dieses Buch als sehr geeignet für den Praxisalltag bewerten. Es ist ein übersichtlicher Helfer bei schnellen Planungsabläufen im Therapiealltag für einen vergleichsweise geringen Anschaffungspreis. Besonders wertvoll empfinde ich die Beispiele für die Psychoedukation zu verschiedenen Störungsbildern. Zudem regt das Buch dazu an, beschriebene Interventionen kreativ zu erweitern und eigene Methoden zu kombinieren. ... Insgesamt empfehle ich dieses Buch als bereichernde Grundausstattung für jede Kindertherapiepraxis." Yvonne Schulte, Verhaltenstherapie mit Kindern und Jugendlichen – Zeitschrift für die psychosoziale Praxis

2017, 256 S., Format 16x23cm, Klappenbroschur, Alter: ab 5

ISBN 978-3-8080-0791-4 | Bestell-Nr. 4361 | 19,95 Euro

BEST SELLER

Dieter Krowatschek / Uta Hengst

Mit dem Zauberteppich unterwegs

Entspannung in Schule, Gruppe und Therapie für Kinder und Jugendliche

„Grundmuster zum Konstruieren von Entspannungsgeschichten fehlen ebenso wenig wie auch spezielle Hinweise zum Einsatz von Malverfahren, Schreibideen oder Mandalas. Damit man bei der Vielzahl an Praxishinweisen, Geschichten und Übungen noch den Überblick behält, sind die Texte zum Vorsprechen farbig unterlegt, sowie klare Logos zu den einzelnen Themen bzw. Altersgruppen eingearbeitet worden. Fazit: Ein Arbeits- und Entspannungsbuch, das Lehrerinnen und Lehrer bis zur 9. Klasse gut und lange verwenden können – und das eine Brücke schlägt zwischen therapeutischer und schulischer Ausrichtung." Detlef Rüsch, lernchancen

„Entspannungshilfen gibt es wie Sand am Meer, selten aber hat ein Band auf den ersten wie auch den zweiten Blick so viele relevante Fragen und hilfreiche Antworten für Entspannungsübungen mit Kindern und Jugendlichen wie hier geboten. Zusammen mit der Audio-CD ist der Band von Krowatschek/Hengst ein Werkzeug erster Güte!" FIL – Sprachrohr Lerntherapie

6., unveränd. Aufl. 2018, 344 S., Beigabe: Audio-CD (72 Min.), Format 16x23cm, fester Einband | Alter: ab 4

ISBN 978-3-938187-12-8 | Bestell-Nr. 9355 | 29,80 Euro

Über 60.000 Auflage!

BEST SELLER

Ben Furman

Es ist nie zu spät, eine glückliche Kindheit zu haben

In Wissenschaft und Öffentlichkeit ist der Mythos fest verankert, dass schwierige Bedingungen in der Kindheit unweigerlich zu einem unglücklichen, gefährdeten Erwachsenenleben führen. Dies kann so sein, ist aber in den meisten Fällen nicht zwangsläufig so. Furman lässt eine große Zahl von Betroffenen selbst zu Wort kommen, die einen schwierigen Start ins Leben hatten und trotzdem oder gerade deshalb ein gelungenes Leben führen konnten. Hier geht es nicht darum, die Wahrheit zu schönen oder zu verbiegen und uns selbst zu belügen, damit wir die traurige Vergangenheit in rosarotem Licht sehen! Wir sollen auch nicht so tun, als hätten wir eine glückliche Kindheit gehabt, wenn es nicht so war. Aber tief in ihrem Herzen wissen die Menschen oft, was ihnen helfen könnte, und schaffen es trotz widriger Umstände glücklich zu werden. Das Buch will Mut machen, auf die innere Stimme zu hören. Das Buch wurde in die Liste der „Einhundert Meisterwerke der Psychotherapie" aufgenommen.

„Dieses Buch ist sehr interessant. Ich habe es in zwei Tagen ausgelesen. Es trifft meine Vergangenheit und auch meine Zukunft, und ist hilfreich für meinen Sohn, der gerade 4 1/2 Jahre alt ist. DANKE!" Leserzuschrift

8. Aufl. 2019, 112 S., Format DIN A5, br

ISBN 978-3-8080-0845-4 | Bestell-Nr. 8398 | 15,30 Euro

vml verlag modernes lernen

Schleefstraße 14, D-44287 Dortmund
Telefon 02 31 12 80 08, Fax 02 31 12 56 40
Gebührenfreie Bestell-Hotline: Telefon 08 00 77 22 345, Fax 08 00 77 22 344
Leseproben, Rezensionen, Bestellen im Internet: www.verlag-modernes-lernen.de

Ausgezeichnete Bücher für Ihre Praxis ...

die schönsten deutschen bücher · shortlist 2016

Mariele Diekhof

Kita KITOPIA

Eine Reise ins Land der spannenden Pädagogik für PädagogInnen und Eltern
Ein Abenteuer-Fachroman der ganz besonderen Art

Dieses Buch beschreibt in faszinierend ungewohnter Art und Weise, wie gute Pädagogik in Kitas gelingen kann: mit erfolgreicher Bildungsarbeit, fernab vom Überaktionismus und der allgemein verbreiteten Angebotspädagogik. Es ist eine Einladung zu einer abenteuerlichen und spannenden Reise, die in ein aufregendes Land führt, in ein Land voller Phantasie, Zauberei, Bildung und Lebenslust. Alles spielt in der „KITOPIA", in einer virtuellen Kita, in der die Kinder Kind sein dürfen und von herzlichen und professionellen ErzieherInnen begleitet werden. Das Buch schenkt unzählige Einblicke hinter die Kulissen, weckt die Neugier und eröffnet völlig neue Denkansätze.

24 Türen warten darauf geöffnet zu werden: Hinter jeder Tür verbergen sich bunte Bilder, Begegnungen und inspirierende Geschichten, die zum Staunen, Lachen und Nachdenken anregen. Die Leser werden kleinen und großen Menschen begegnen, von ihren Träumen, Wünschen und Visionen erfahren und sie im alltäglichen Tun begleiten. Sie sind mittendrin im pulsierenden Alltag, spüren die Lebenslust und die Leichtigkeit.

(2016 in der Shortlist der Stiftung Buchkunst, als eines der schönsten Bücher Deutschlands.)

„Freiheit, Abenteuer, Lebenslust statt Förderwahn und Leistungsfrust! Es gibt noch viele interessante Ideen in dem Buch, z.B.: Die Tür zum Büro der Leitung, Die Tür zur Kinderkonferenz, Die Tür zur Eltern-Klön-Ecke. Ich bin so begeistert von diesem Konzept, dass ich jedem nur empfehlen kann, das Buch zu lesen und zu spüren, wie viel Leichtigkeit und Spaß die Arbeit in einem Kindergarten beinhalten kann." Britta Fichert, Theraplay – Schwierige Kinder Journal

„Es ist wohltuend, in der aktuellen Menge frühpädagogischer Literatur genau dieses Buch in den Händen zu halten. Es theoretisiert nicht herum, konzentriert sich von Anfang an auf die Praxis, folgt keinen dogmatischen Pädagogiktrends, läuft keiner bildungspolitischen Strömung hinterher und bringt stets das Wesentliche, ohne Umschweife, auf den Punkt." Dr. Armin Krenz, KiTa aktuell

3. Aufl. 2018, 320 S., zweifarbig, Format 16x23cm, Klappenbroschur
ISBN 978-3-8080-0777-8 | Bestell-Nr. 1264 | 26,95 Euro

Isolde Albers / Anja Reincke

Zwei kleine Kreise gehen auf die Reise ...

Mal-Reime: Wie Hand und Mund sich helfen – Mit kognitiven Strategien und Kreativität zum Erfolg

Dies ist ein Buch für alle, die Kinder und Enkelkinder zum Malen verführen wollen. Das Besondere der Mal-Reime ist, dass zeitgleich gesprochen und gemalt wird. So entsteht Schritt für Schritt „mit Hand und Mund" ein schönes Bild, das mit Phantasie und Kreativität weiter ausgeschmückt werden kann. Ein wunderbares Buch, das kleine und große Künstler erfolgreich und stolz machen wird. Spaß und Freude am Prozess und am Ergebnis der Mal-Reime sind garantiert!

„Die Zeichnungen und Texte sind ganz einladend, ansprechend und liebevoll gestaltet. Da bekommt man sofort Lust loszuzeichnen!!! So ein Buch hat uns wirklich gefehlt. Endlich einmal sinnvoll und nicht so langweilige Grafomotorikblätter ..." Britta Winter, Ergotherapeutin

„Meine Enkelin (3) und ich haben einen Riesenspaß mit den 'Strich-Malereien'. Mein Sohn (Logopäde) ist ebenfalls begeistert." Leserstimme

„Ich bin begeistert von diesem Buch! Schon lange habe ich mir so etwas gewünscht. Herzlichen Dank den Autorinnen!" Erzieherin

3. Auflage 2019, 116 S., farbige Abb., Format DIN A4, Ringbindung, Alter: 4-99, **ISBN 978-3-8080-0734-1 | Bestell-Nr. 1606 | 18,80 Euro**

Ursula Hahnenberg / Daniela Diephaus

Das große Förder-Spiele-Buch 1

2-4 Jahre

Eltern, Erzieher und Therapeuten haben ein gemeinsames Ziel: sie wollen Kinder optimal auf die vielfältigen Anforderungen, mit denen sie heute täglich konfrontiert werden, vorbereiten. In diesem Buch werden fachkundig und verständlich Spiele, Basteleien und Beschäftigungsmöglichkeiten aufgezeigt, mit denen Wahrnehmung, Grob- und Feinmotorik, Kognition, Kreativität, Sprache und Persönlichkeit gefördert werden. In diesem ersten Teil werden einfache und kostengünstige Ideen für Kinder ab 2 Jahren vorgestellt, die ergotherapeutisch kommentiert und in der Praxis erprobt sind. Übersichtliche Darstellungen helfen dabei, schnell die richtige Beschäftigung für jede Gelegenheit zu finden. Ein unentbehrlicher Ideenratgeber für ErzieherInnen, TherapeutInnen und die ganze Familie!

„Das Buch ist meiner Meinung nach ideal geeignet für Eltern mit Kindern zwischen 2-4 Jahren. Alle Spiel- und Beschäftigungsideen kann man mit sehr geringem Material- und Zeitaufwand umsetzen.
Für alle Eltern, angehende Erzieherinnen und Krippenpersonal kann das Buch durch die Fülle und die Angebotsbreite eine sehr sinnvolle Ideensammlung sein." Daniela Pfaffenberger, Erzieherin

3. Aufl. 2019, 176 S., farbige Abb., 16x23cm, Klappenbroschur, Alter: 2-4
ISBN 978-3-938187-68-5 | Bestell-Nr. 9417 | 16,95 Euro

vml verlag modernes lernen

Schleefstraße 14, D-44287 Dortmund
Telefon 02 31 12 80 08, Fax 02 31 12 56 40
E-Mail: info@verlag-modernes-lernen.de
Leseproben und Bestellen im Internet: www.verlag-modernes-lernen.de